KB119275

지금처럼 살거나 지금부터 살거나

지금처럼 살거나
지금부터 살거나

초판 1쇄 발행 2015년 12월 12일
초판 2쇄 발행 2016년 1월 25일

지은이 제갈현열
펴낸이 연준혁

멀티콘텐츠사업분사 분사장 정은선
출판기획 오유미 배윤영
콘텐츠비즈니스 이화진
디지털콘텐츠 전효원 홍지현
이러닝기획팀 김수명 송미진

기획 이진아컨텐츠컬렉션
편집진행 김선희

펴낸곳 (주)위즈덤하우스 출판등록 2000년 5월 23일 제13-1071호
주소 경기도 고양시 일산동구 정발산로 43-20 센트럴프라자 6층
전화 031-936-4000 팩스 031-936-3891
홈페이지 www.wisdomhouse.co.kr

ⓒ제갈현열, 2015

값 13,800원
ISBN 978-89-6086-883-0 03320

이 도서의 국립중앙도서관 출판시도서목록(CIP)은 e-CIP홈페이지(http://www.nl.go.kr/ecip)와
국가자료공동목록시스템(http://www.nl.go.kr/kolisnet)에서 이용하실 수 있습니다.
(CIP제어번호: CIP2015032537)

지금처럼 살거나 지금부터 살거나

불안, 그 안에서 나를 찾다

제갈현열 지음

위즈덤하우스

지방대학을 나온 내게 세상은 꿈도 꾸지 말랬다. 형님은 꿈꿀 자신이 있으면 꾸랬다. 세상의 말보다 형님의 말이 더 무서웠다. 하지만 형님은 그 자신감을 만들어가는 과정을 기꺼이 함께해주었다.

_ 삼성물산에서 무역의 꿈을 키우고 있는 박정훈

성공한 자신처럼 살라는 명사들은 많다. 그러나 제갈현열은 누구처럼 이 아니라 가장 '자신답게' 살라고 말한다. 그에게 내 갈 길은 내가 결정할 권리가 있다는 것을 배웠다.

_ LG유플러스를 다니며 소통을 꿈꾸는 김영석

인생에 정답이 없다는 이 간단한 말을 내게 맞지 않은 다른 정답들을 마주한 다음에야 깨달았다. 현열이는 내게 다른 정답이다. 그래서 그는 내가 세상의 기준에 기죽을 때 쳐다보게 되는 꽤나 좋은 거울이다.

_ 불법 빼고 다 하는 LG생명과학의 이단아 손성식

비 온 뒤 상쾌해진 날씨 같은 사람이다. 그와 함께 있으면 흐렸던 세상이 선명해진다. 내가 아는 한 가장 비상식적인 시선으로 상식을 말하는 사람이다.

_ 영상 프리랜서로 일하는 서보민

서른이 넘으니 나보다 나이 어린 친구에게 무언가를 배운다는 건 생각보다 힘든 일이었다. 나름대로 잘 살고 있다고 생각하지만 가끔 현열이를 보며 진짜 내가 원하는 삶을 살고 있는지 자문하게 된다. 말이 아닌 행동으로 배울 점을 알려주는 동생이다.

_ BTL 회사를 운영하고 있는 조중용

공모전을 배우려다 인생을 배웠다. 저 사람처럼 나에게도 나만의 빛남이 있다는 깨달음을, 나는 그걸 갈고닦지 않았다는 반성을, 이제부터 닦으면 나만의 빛이 나겠다는 확신을, 나는 선생님에게 배웠다.

_ 마케팅 회사를 그만두고 영국 유학을 선택한 이지연

언제 철들 거냐는 말을 귀에 달고 다녔다. 그 추가 너무 무거워 괴로울 때쯤 형을 만났다. 형은 그 추를 말 그대로 잡아 뜯어버렸다. 뜯어진 상처에 한마디 연고를 발라주었다. 철이 아니라, 네가 들어야지란 이름의 연고를. 그렇게 같이 바보 같은 짓을 하며, 철없는 애 같은 일들을 하며 여기까지 걸어왔다. 이제는 웃으며 말할 수 있다. 철은 평생 안 들 것 같다고, 그래도 이젠 내가 들었다고.

_ 〈대학내일〉에 다니며 대학생과 소통하는 김영현

스물셋이 되던 해, 처음으로 내 인생에서 온전히 나만을 위해 나 혼자서 선택했다. 그 길은 주위 누구도 걷지 않은 길이었기에 그 선택에 대한 책임 또한 온전히 내 몫이었다. 그러한 불안함을 안고 희미한 목표를 향해 한 걸음 한 걸음 내딛던 중 현열 형을 만났다. 너를 위한 고민이라면 결론도 너를 위한 것이 되어야 한다는 말, 그 고민의 기회가 모두에게 허락되지 않으니 그 가치에 좀더 자신감을 가지라는 말, 그 말 덕분에 나는 내 길을 묵묵히 걸었다. 그리고 지금도 그 길 위에 내가 있다.
_ 서울대학교 졸업 후 미네소타대학교 응용경제학과에 재학 중인 박도진

누구에게나 꿈꾸는 일은 있다. 그걸 정말 아무렇지도 않게 내게 보여주었다. 훗날 내가 원하는 모습이 되었을 때 나는 이렇게 말할 것이다. 28세, 제갈현열이라는 사람을 만나 함께 아프리카로 떠날 때부터 내 인생은 이미 성공이었다고.   _ 여행을 하면서 만난, 자기 무역을 꿈꾸는 이원석

쌤을 만나기 전에는 내가 제대로 살고 있는지 가늠할 잣대가 없었다. 이제는 내 생각을 행동으로 옮길 자신감까지 생겼다. 제갈현열 쌤은 내 인생의 터닝포인트다.   _ 울산대학교 최정수

나에게 변하라고 말하지 않는다. 그러나 내 삶에 충실할 수 있게 만들어주었다. 그 이후 나는 자연스럽게 변했다.   _ 계명대학교 문보현

불안 때문이거나
불안 덕분이거나

"안 된다는 말만 듣던 삶."

어느 인터뷰에서 지금까지 어떻게 살았냐는 너무나 큰 질문에 대한 나의 답이다. 말 그대로 나는 여태껏 남들이 안 된다는 선택을 하며 살았다.

나는 지방사립대를 나왔다. 웃긴 건 내 학벌이 세 단계에 걸쳐 낮아졌다는 사실이다. 처음엔 대구에서 가장 좋다는 경북대학교 공대에 합격했다. 하지만 단순히 여자가 없다는 이유로 그 대학교를 포기했다. 그리고 금오공대 건축공학부에 입학했다. 인테리어 디자이너가 좀더 좋아 보이고 여자가 많을 것 같아서였다. 입학하고 보니 신입생 중 여자는 단 2명뿐이었다. 철없던 그때는 그것만으로도 재미없기에 충분했다. 1학기를 어영부영 다니다 재수를 했다.

재수를 할 당시 내 별명은 '대학생'이었다. 남들은 새벽 6

시에 일어나 학원으로 향할 때 나는 9시가 넘어서 일어나 10시 이후에나 도착했다. 남들은 야간자율학습에 목을 맬 때 나는 여자와 노는 것에 목을 맸고, 남들이 모의고사 점수에 실망해 더 열심히 공부할 때 나는 술로 현실을 외면했다.

당연히 수능은 망쳤고, 내가 갈 수 있는 대학교는 더 적어졌다. 하지만 전에 다니던 곳으로 돌아가기는 죽기보다 싫었다. 결국 내가 선택한 곳은 교정이 예쁘고 여자도 예쁘기로 소문난 계명대학교였다. 학부도 단순히 여자가 많을 것 같다는 이유로 미디어영상학부를 선택했다. 과를 선택하는 과정은 더욱 기가 찼다. 당시 나를 좋아하는 친구와 내가 좋아하는 친구가 있는 과 중에서 동전을 던져 결정했다. 동전 던지기의 결과는 광고홍보학과였다.

그때 부모님이 말씀하셨다. 세상 물정 모른다고, 학벌이 얼마나 중요한데 대학을 아무렇게나 선택하더니 과도 그런 식으로 선택하냐고, 그러면 안 된다고.

대학을 다니며 복수 전공을 해야겠다는 생각을 했다. 내가 선택한 것은 문예창작학과였다. 이제 조금씩 재미가 붙은 광고를 더 잘 만들기 위해서는 좋은 글을 쓸 줄 알아야 한다고 생각해서다. 그리고 꼭 광고 때문이 아니더라도 글쓰기에 알 수 없는 매력을 느끼던 차였다.

그때 교수님이 말씀하셨다. 그렇지 않아도 광고홍보 쪽으로 취업하기 어려운데 취업과 무관한 문예창작학을 복수 전공하려고 하다니 제정신이냐고, 안 된다고.

어학연수를 핑계 삼아 떠난 곳은 아프리카였다. 30세가 되기 전에 해야 할 버킷리스트 30가지 중 아프리카에서 살아보기가 포함되어 있었기 때문이다.

그때 형은 나이도 찰 대로 찬 녀석이 취업 준비나 하지 무슨 외국이냐고, 더군다나 아프리카에서 영어를 배우겠다니, 안 된다고.

다녀오고 이렇게 저렇게 지내다 보니 29세가 되었다. 애초에 취업 준비란 걸 해본 적이 없었고, 내가 하고 싶은 건 취업이 아니라 30세 이후에 광고계에 입문하는 것이었다. 30세 이후에 일하기 역시 내 버킷리스트에 포함된 항목이었다. 20대를 일하며 보내기 너무나 아깝다는 생각이 들었기 때문이다. 물론 이 다짐에도 수많은 사람들이 안 된다고 했다.

광고대행사도 제대로 된 광고를 경험할 수 있는 대형 광고

대행사에 들어가고 싶었다.

그때 어느 광고회사 사장님이, 교수님이, 대형 광고대행사 인사팀이 말했다. 학벌이 나쁘면 메이저 광고대행사에 바로 입성하기 힘들다고, 안 된다고.

결국 내가 원하는 회사에 들어갔다. 그리고 회사를 다니며 책을 썼다. 학벌과 청춘에 대해 솔직하게 이야기하는 내용이었다. 당시 대한민국은 힐링 열풍이었다. 하지만 내가 쓴 내용은 힐링보다는 킬링에 가까웠다. 첫 책을 내고 싶은 출판사는 역설적이게도 당대 최고의 힐링 서적을 낸 출판사였다.

그때 출판을 아는 지인들이 말했다. 안 팔릴 거라고. 무엇보다 그 출판사에서 절대 이런 종류의 책을 내지 않을 것이라고, 안 된다고.

광고인의 생활은 굉장히 즐거웠다. 하지만 내가 하고 싶은 모든 것을 하기엔 제약이 많았고 오래 기다려야 했다. 어느 날 지금 내 삶이 즐겁기는 하지만 진짜 원하는 것과는 한참 멀어져 있다는 사실을 깨달았다. 아침에 고민을 하고 오후에 팀장님에게 회사를 그만두겠다고 했다.

팀장님과 부족한 나를 아껴준 선배들이 이야기했다.

왜 애써 잡은 것들을 모두 버리려 하냐고, 다시 이 기회가 올 것 같냐고, 안 된다고.

삶의 중요한 순간에 내린 내 선택엔 언제나 '안 된다'는 꼬리표가 붙었다. 또한 안 된다는 말을 들은 그 모든 과정에서 항상 나를 따라다녔던 것은 불안함이었다.

모질지 못했던 것일까, 단호하지 못했던 것일까? 아니면 누구보다 제멋대로 살려고 발버둥 쳤기 때문일까? 내가 걸어온 길에는 언제나 안 된다는 이름의 꽃들로 가득했고, 그 꽃들이 품고 있는 가시는 불안감이었다. 그 가시들을 외면하지도 피하지도 못하며 그렇게 밟고 상처 입으며 여기까지 걸어왔다.

그 가시를 피하면 멈추게 될까 봐,

그 가시를 외면하면

내가 가야 할 길도 함께 외면하게 될까 봐.

비록 안 될 놈이라는 꼬리표가 붙었을지언정, 가시를 밟아 내 발에는 상처만이 가득할지언정 그래도 자신 있게 이야기할 수 있다. 나는 누구보다 불안함을 없애기 위해 노력했고, 그 노력을 통해 나를 찾았다.

안 될 놈이라던 나는, 불안과 싸워야 했던 나는 이제 내 삶을 이렇게 표현한다. 걸어온 길을 돌아봐도 미련이 없는 삶이자 수많은 선택을 했음에도 후회가 없는 삶, 사는 데 그 어떤 경제적인 불편도 없어진 삶, 그래서 믿음만이 남은 삶.

그렇게 말할 수 있기까지 걸어왔던, 싸워왔던, 아파왔던, 그 모든 과정에서 배웠다.

불안은

나를 멈춰 세우는 족쇄로도,

내가 앞으로 나아가기 위한 열쇠로도

사용될 수 있음을.

그걸 결정하는 것은 불안을 마주하는

내 태도와 선택임을.

그 배움의 이야기를 시작하려 한다. 불안 때문에 지독히도 방황했던 내가, 이제는 웃으며 여기까지 걸어온 것 역시 불안 덕분이었노라 회자할 수 있는 그 이야기를 하려 한다.

Contents

Chapter 1

모든 것을 갖췄다,
다만 내가 없었다

당신이 누구냐는 질문에
자신을 지어내는 요즘
나는 누구일까라는 질문을
외면하게 된 요즘
사라졌다.
내 자신이
들어왔다.
그 빈자리에
불안이란 족쇄와도
같은 독이.

나 자신을 아는 것이 사치인 시대

모든 사람에게 특별한 경험을 요구하는 것이 역설 아닌가요? 모두가 특별하다면 그건 이미 특별한 것이 아니잖아요. 더군다나 사회가 우리에게 그럴 시간이나 줬나요? 그런데 내가 이런 이야기를 자기소개서에 쓰고 나는 특별하지 않다고 말하면 개성이 없다, 주관이 없다는 말로 떨어트릴 거잖아요. 왜 자소설을 쓰냐고요? 드라마 같지 않은 삶을 사는 우리에게 주인공이 되라고 하니까요.

_ 빈 자소서로 상담을 요청한 U대학 A양의 하소연

대략 1만 명, 내가 강연을 하면서 매년 만나는 사람들의 숫자다. 다양한 사람들을 만나지만 대부분은 '청춘'이라 불리는 나이의 사람들이다. 나 역시 아직 청춘이기에 그들을 만날 때면 늘 설레지만 조심스러운 것도 사실이다.

나 역시 아직 세상을 다 알지 못하는지라 행여 내 말들이 틀린 것일까 봐, 그 잘못된 이야기가 그들에게 돌이킬 수 없는 영향을 미칠까 봐 늘 조심스럽다. 그래서 그들을 만날 때면 내 이야기를 하기보다는 그들의 이야기를 들어주기 위해 노력한다. 들어주는 것만으로도 위안이나 깨달음을 얻을 수 있다는 사실을 경험으로 알고 있기 때문이다.

2014년 한 해를 보내며 역시나 나의 이야기를 들려주고, 또 많은 이야기를 들어주었다. 그러다 어느 순간, 지금 청춘이 어딘가 크게 잘못되어 있다는 것을 깨닫기 시작했다. 나에게 이야기하는 수많은 청춘들의 이야기와 그들이 처해 있는 현실과 그들이 살아가고 있는 오늘을 통해서 그 깨달음은 점점 뚜렷해졌다. 나 자신을 알아가는 과정과 행동들이 어느새 사치가 되어버린 것이다.

좋아하는 일을 시작해보라는 말에 취업 준비하기도 빠듯

모든 것을 갖췄다,

하다고 청춘들은 답한다. 인문학으로 깊이를 가져보라는 말에 취업 스터디에 학교 과제하기도 벅차다고 청춘들은 답한다. 여러 세상을 보고 그 세상을 통해 자신만의 관점을 얻으라는 말에 학자금 대출 이자 갚기 위한 알바만으로도 충분히 바쁘다고 청춘들은 슬프게 답한다. 직장 안의 고민을 직장 밖의 활동으로 답을 찾아보라는 말에 시키는 업무 처리하기도 힘들다고 청춘들은 답한다. 어느 순간 대한민국의 모든 청춘들에게 자기다움은 사치가 되어버렸다.

어느 순간 많은 청춘들은 자기답기를 스스로 포기해버렸다. 당장 살아가야 하니까, 뒤처지면 안 되니까, 남들도 다 그렇게 사니까…. 여러 이유로 자기답기를 포기해버렸다. 이유가 중요한 것은 아닐 것이다.

중요한 건 지금 청춘들의 발걸음은 바쁠 뿐, 두근거리진 않는다는 것이다.

이상론을 이야기하자는 것이 아니다. 마음을 다잡자는 것이 아니다. 다만 모든 시대를 막론하고 인간은 언제나 자신을 알기 위해 노력하며 살아왔다는 이야기를 하고 싶은 것이다. 자신을 알아가는 그 과정 속에 우리가 살아야 하는 가치가 숨어 있기 때문이다. 그런데 지금, 그 과정과 가치가 사라져버렸다.

노력하지 않아서는 아니라고 생각한다. 노력은 그 어떠한 시대보다 많이 하고 있다. 별 보고 등교해서 별 보고 하교하며 10대를 보낸 우리다. 봄바람과 함께 잡은 토익 책은 겨울바람이 부는 내내 여러 전공 책, 자격증 준비 도서로 바뀔 뿐 1년 내내 책과 씨름하며 싸우고 있는 우리다. 그 지옥 같은 취업 고시에서 살아남아도 여전히 언제 내쳐질지 모른다는 두려움에 새벽 영어 학원 문을 두드리는 우리다. 잔인하리만치 긴 시간을 업무에 매달려도 비웃기라도 하듯 더 많은 업무가 기다리는 우리다. 대학생이든, 취준생이든, 사회초년생이든 매한가지다. 모두 그렇게 무던히도 노력하며 살고 있다.

지금은 가장 놀 시간이 없는 시대이자 가장 많은 것을 해야 하는 시대다. 우리는 그런 시대를 살고 있다. 분명 노력만큼은 그 어떠한 시대보다 많이 하고 있고, 해야 하는 것이 우리다. 이 시대에 감히 누가 우리더러 노력하지 않는다고 이야기할 수 있을까?

모든 것을 갖췄다,

시대는 우리에게 모든 것을 갖추라고 한다. 수치화된 점수와, 빨간 도장이 찍힌 자격증을 요구한다. 빠릿빠릿하게 행동해야 하고, 말하지 않아도 알아채는 눈치가 있어야 하며, 조직에서 살아남을 개념을 갖춰야 한다. 세상은 지금 모든 것을 갖추라 한다. 그걸 갖추기 위해 그렇게 살아간다. 그리고 그 모든 것을 갖추는 과정 속에서 한 가지가 사라졌다.

절대로 사라져서는 안 되는 한 가지, 바로 나 자신.

나를
포기했건만
돌아온건
이불안감
하나

　　　　　　하고 싶은 일은 늘 많았어요. 시간
이 없어서 못하는 거라고, 업무에 익숙해지면 하고 싶은 일
을 할 거라고 했죠. 그런데 거짓말을 한 것 같아요.

　사실 이젠 제가 뭘 하고 싶은지 잘 모르겠어요. 제가 하고
싶은 게 정말 제가 원한 건지 모르겠어요. 막연히 이 지긋지
긋한 현실에서 벗어나고 싶어서 제가 만든 상상인지도 몰라
요. 도망치고 싶지만 도망칠 곳도 모르는 거죠. 그래서 요즘
은 참 답답해요.

– 삼성생명 3년차, 30세 K씨

　　　　　　　　　　　　　　　　　　모든 것을 갖췄다,

내가 만난 많은 사회초년생들의 하소연이다. 많은 청춘들이 이런 모습을 조금씩 가지고 있다. 끝없는 연습으로 자기소개는 멋지게 할 수 있지만 정작 자신이 누구인지는 설명하지 못한다. 내가 누구인지, 어떤 길을 가고 싶은지 외면해버렸기 때문이다.

내가 누구인지도 모른 채 왜 이리 힘들게 노력하며 사는 걸까? 가장 길게 자야 했던 10대를 가장 짧게 자며 견뎌온 우리는, 진작 이렇게 공부했으면 서울대도 갔을 것이라며 쓴웃음을 짓는 취준생인 우리는, 안 잘리려면 이것도 감지덕지라며 야근을 당연하게 받아들이는 사회초년생인 우리는 도대체 무엇 때문에 이리도 치열하게 사는 것일까? 왜 이런 노력을 당연한 것으로 받아들이는 것일까? 무엇을 가지기 위해서 원하지 않는 노력만 무작정 하고 있는 것일까?

불안하기 때문이다. 그 불안을 잠재우기 위해서다.

나 자신이 있어야 할 곳에 불안감이 자리 잡았다. 제대로 공부하지 않아 대학을 못 가면 불안하니까, 제대로 준비하지 않아 취업을 못하면 불안하니까, 사회는 냉정하다니까, 그 사회에 부적응자로 찍히면 불안하니까.

그렇게 불안하지 않기 위해 노력하며 살고 있다.

우리 시대는 불안에 중독되어 있다. 하염없는 내일을 바라보며 모든 이들이 불안해한다. 등록금을 낸 후 마이너스가된 통장을 보며, 채용을 줄인다는 신문 기사를 보며 불안해한다. 취업을 준비하는 또 다른 수천의 경쟁자를 바라보며불안해한다. 그래서 불안하지 않기 위해서, 불안감을 이기기위해서 노력한다. 극단적으로 말하면 우리는 불안감에서 도망치기 위해 노력을 하고 있는 것이다.

자신이 누구인지 명확하게 알고 있는 사람은 불안할 이유가 없다. 내가 누구인지 알면 어느 길을 가야 하는지 알게 된다. 그 길을 걷는 자신을 볼 수 있기 때문이다. 자신을 모르는 사람은 무엇을 하며 어떤 길을 가야 하는지 알 수 없다. 자신을 못 보기 때문에 다른 사람을 보게 된다. 나를 규정하기 위해 다른 사람과 비교하게 된다.

익숙한 곳에 가면 앞만 보고 걸을 수 있지만 낯선 곳에 가면 주위를 두리번거릴 수밖에 없는 것과 같은 이치다. 주변에 익숙한 무언가가 나오기를 기대하며, 그것이 나왔을 때의 안도감을 얻기 위해 계속 두리번거리게 된다.

모든 것을 갖췄다.

내가 누구인지 모른다는 것은 낯선 곳을 걷는 것과 같다. 모르기 때문에 엄습하는 불안감에서 도망가기 위해 주위를 둘러보며 타자와 나를 비교한다. 그러는 사이 타자의 욕망이 보이게 되고 그 욕망과 자신의 위치를 동일시하게 된다. 남들도 취업하려고 바둥거리니 나도 바둥거리게 되고, 남들도 다 그렇게 사는 거 같으니 나도 모르게 따라 하고 있다.

내가 누구인지, 하고 싶은 것이 무엇인지 모르니 그저 다른 사람들의 바둥거림을 따라 한다. 그 바둥거림마저 따라가지 못하면 뒤처지는 것 같아 불안하기 때문이다. 그래서 더 바둥거리며 노력한다. 그 바둥거림을 따라잡아도 불안하기는 마찬가지다. 뒤처지지 않고 가다 보면 이번엔 문득 '나는 왜 이리 바둥거리고 있지?'라는 생각을 하게 된다. 그제야 본질을 고민하는 것이다. 그러나 타자의 욕망에서 시작된 바둥거림이기에 답을 찾을 수가 없다. 그래서 헤매게 되고, 헤매다 보니 불안해진다. 자기가 없어 타자를 보게 되고, 타자의 욕망과 비교하는 순간 불안해지는 것이다. 내가 없어진 자리에는 결국 불안감이란 불청객이 자리 잡게 된다.

우리가 불안한 이유는 내 안에 내가 없기 때문이다.

도망쳐서 도착한 곳이 낙원일 리 없다

"믿는다는 부모님의 말이 유난히도 무겁게 느껴집니다. 넌 잘될 거라는 친구들의 위로가 오히려 나를 아프게 합니다. 무엇보다 아무리 노력해도 가슴 한 구석에서 의심이 싹틉니다. 과연 내가 잘될까라는 의심이 말입니다. 어떻게 해야 할까요?"

"내가 잘될까라는 의심이 든다고 했는데, 뭐가 되고 싶은 거지요?"

"일단은 제가 목표로 하고 있는 기업에 취업하는 겁니다."

"그곳에 취업하면 잘된 걸까요? 그럼 '내가 잘되었구나'

28   모든 것을 갖췄다.

하고 안심할까요?"

"조건은 갖출 수 있겠죠. 분명 경제적 여유가 생길 테니 그때 내게 의미 있는 다른 행동을 찾아 나서면 되겠죠."

"무엇을 할 때 가장 의미있다고 느끼나요? 단편적인 것 말고 평생 동안 해야겠다고 생각하는 건 무엇인가요? 저 같은 경우에는 글을 쓰거나 강연을 하는 등 소통과 관련된 일을 할 때 의미를 느낍니다. 학생에겐 어떤 일이 있나요?"

"…."

"학생은 몇 살이지요?"

"27세입니다."

"27년 동안 찾지 못한 답을 취업했다고 찾을 수 있을까요? 지금이 가장 여유가 있을 시기인데, 지금 찾지 못한 답을 정말 취업만 하면 바로 찾을 수 있을까요?"

_ H대학교 특강에서 만난 K군과의 대화

불안이 못된 이유는 우리를 도망치게 만들기 때문이다. 아무도 쫓아오지 않는데 누군가에 쫓기듯 앞으로 내달리게 만든다. 불안하지 않기 위해 내달린다. 매일의 노력으로 이력서에 스펙을 하나씩 둘씩 채운다. 그 스펙에 잠깐 만족하다 이내 옆에 있는 누군가의 스펙이 눈에 들어오면 그것을 얻기 위해 다시 채찍질을 한다.

처음엔 남들만큼 가지기 위해 노력하다 남과 동등해지면 남보다 앞서가기 위해, 경쟁자를 떨쳐내기 위해 다시 내달린다. 영 쓸데없는 자격증이라도 남보다 앞서갈 수 있는 실낱같은 희망이 보이면 딴다. 이력서에 불안감으로 채워진 스펙들이 그렇게 쌓여간다.

나는 이러한 과정을 도저히 발전이나 전진이라고 표현하질 못하겠다. 적군에게 쫓기는 병사를 전진하다고 말하지 않듯 내 눈에 비친 그들의 모습은 불안감에 쫓겨 도망치는 모습이지 나아가는 것은 아니다. 무엇보다도 그렇게 내달리는 사람 중에서 행복하다는 이가 없었다.

정확한 데이터는 모르겠다. 하지만 내가 직접 만나본 사람들 중 취업이 힘들다고, 못하겠다고 말하는 사람이 수천이었지만 대부분 3년 안에 취업했다. 일단 취직하면 만사가 행복해질 것처럼 이야기했던 사람도 수천이었다. 하지만 대기업이든 중소기업이든 취업 3년차 정도의 사람들에게 행복하냐고 물어보면 행복하다는 사람은 거의 없었다.

좀더 정확하게는 행복하냐는 질문 자체가 사치가 되어버렸다. 어느 순간 행복이 청춘의 삶에서 사라졌다. 이유는 너무나 간단하다. 단 한 번도 행복을 위한 선택을, 행복하기 위한 노력을 하지 않았기 때문이다. 자신을 위한 선택을 하지 않았기 때문이다.

대부분이 '나다움'이 뭔지 모른다. 이력서에 자기소개를 지어내야 할 만큼 진짜 자신을 소개하는 법도 모른다. 심장이 언제 두근거리는지, 무엇을 하고 싶은지 등 살아가는 데 가장 중요한 '나를 찾는 질문'들을 멈추고 불안의 노예가 되어버렸다. 이처럼 자기다움의 상실에서 출발한 불안감은 우리를 도망치게 만든다. 도망치다 보면 점점 자신과는 멀어진다. 한참을 내달린 후 잠시 숨을 돌릴 때가 되어서야 행복에서도 멀어졌다는 것을 알게 된다.

정말 좋아하는 어느 만화책에 이런 상황을 너무나 잘, 그리고 아프게 표현한 구절이 하나 있다.

노력하면 행복해진다고 기대하지 마라,

도망쳐 도착한 곳에 낙원은 절대 없다.

불안이란
물음에
균형으로
답하다

인간이란 참 재밌는 동물이죠. 만물
의 영장이라지만 우습게도 다른 어떠한 종과도 비교가 안
될 만큼 불완전하고 미숙하게 태어나죠. 사람이 사회를 이
루었고 문명을 발전시킬 수 있었던 이유는 아이러니하게도
이런 미숙함 때문인지도 몰라요. 끊임없이 누군가에게 의존
해야만 하는 불완전한 존재가 만물의 영장이라니, 참 웃겨
요. 더 재미있는 건 끊임없이 누군가에게 의존해야 하는 인
간이 또 어떤 종보다 자아에 대한 욕구는 높다는 거예요. 혼
자서는 살 수 없는 의존적인 존재가 자신에 대해 지독하게

모든 것을 갖췄다,

고민한다는 거죠. 이런 역설이 과부하를 만들어요. 그래서라고 생각해요. 남을 짓밟으면서 자신을 증명하는 폭력이, 남에게 인정받기 위해 착한아이증후군에 시달리며 애써 웃는 슬픔이, 타자의 욕망에만 휘둘려 살다 죽을 때가 되서야 그리 살면 안 되었다 후회하는 명청함이 생기는 이유가 말이에요. 내가 누군지 알기 위해 자신과 세상을 너무 혹사시키는 거죠.

_ 표현은 거칠지만 인간에 대한 마음은 따뜻한 신부를 꿈꾸는 K군과의 대화

　

내가 좋아하는 광고 법칙 중에 KISS라는 것이 있다. KISS (Keep It Simple & Short)는 광고계의 아주 오래된 법칙 중 하나로 간단명료하게 메시지를 통일하라는 뜻이다. 간단하고 명료하게 이야기를 통일하라는 이 말은 30초로 승부하는 광고계에선 절대적인 규칙과도 같다. 나는 광고는 물론이거니와 모든 이야기는 이래야 한다고 믿는다.

지금까지 나는 불안한 이유의 핵심을 '자아의 상실'로 규정했다. 인간은 예측할 수 없는 무언가를 마주쳤을 때 불안을 느낀다. 달리 말하자면 불안감을 없애는 가장 좋은 방법

은 불안한 원인을 제거하는 것이다. 면접의 당락을 미리 안다면 면접 때문에 불안하지 않을 것이다. 승부의 결과를 미리 안다면 어떤 경기를 보든 마음 졸이지 않을 것이다.

내 삶이 불안으로 가득 차 있다면, 그 불안이 끝날 기미가 없다면 그것은 내가 누구인지 모르기 때문이다. 만약 내가 누구인지 정확하게 규정할 수 있다면 더는 이유를 알 수 없는 불안에 쫓기지 않을 것이다.

하지만 나 자신을 안다는 것이 결코 쉽지 않다는 것을 나는 내 삶에서 배웠다.

동서고금의 현인들이 끝까지 고민한 것이 자신의 존재 이유인 것도, 매슬로가 말하는 욕구의 5단계 중에서 가장 높은 욕구가 자아실현인 이유도 자신이 누구인지 아는 것이 가장 중요하면서도 어렵기 때문이다. 단순히 자신을 규정하고, 믿고, 설명할 수 있다고 자신을 아는 것이 아님을 나는 삶에서 배웠다.

내 안에 내가 없다고 느꼈을 때 나는 한없이 불안했다. 그래서 나를 규정하고, 만들어가다 보니 뜻밖에도 세상과 충돌했다. 특별할 것도, 가진 것도 없었기에 나대로 산다는 것

모든 것을 갖췄다.

에 후회하지 않을 자신이 없어지기도 했다. 그런 과정에 나는 또다시 불안했다. 그 불안을 극복하려 나는 수차례 내 인생을 실험했다. 독불장군처럼 서 있기보다 그 말이 가지는 의미를 해석하려고 노력했다. 그 과정에서 많은 순간을 흔들리며 보내기도 했다. 그 흔들림은 때론 변해버린 내 모습으로, 확신할 수 없는 내 모습으로, 그리고 타자의 욕망에 취해버린 내 모습으로 나타났다. 그 모습에 아파하며, 흔들리며, 극복하며 여기까지 걸어왔다.

그 과정이 아직 끝나지 않았기에 솔직히 '자신을 아는 것'에 대한 정확한 방법을 제시하진 못한다. 불안감을 해결할 수 있는 방법은 자신을 아는 것이라 말해놓곤 그 답을 자신 있게 제시하지 못하는 것이 무척이나 미안하다.

하지만 여기까지 걸어오며 내 삶을 돌이켜 조심스럽게 대답하자면 나는 자신을 알아간다는 것은 결국 매 순간 균형을 잡기 위해 노력하는 것이라 말하고 싶다.

불안은 자신과 세상 사이의 불균형에서 출발한다. 자신에게 세상의 욕망밖에 남지 않았을 땐 내가 없어 불안해진다. 반면 자아가 너무 강해졌을 땐 세상과 맞지 않음에 불안해한다. 저울의 한쪽에는 자신이, 또 다른 한쪽에는 세상이 존재하며 그 균형이 흔들릴 때 불안해지는 것이다.

괴테의 말처럼 거대한 운명의 저울 속에 그 지침이 평행을 이루는 순간은 드물다. 항상 흔들리는 저울 위에서 매 순간 균형을 유지하기 위해 고민하는 것, 나는 그것으로 내 불안을 다독여왔다. 매 순간 균형을 잡아가는 것, 내가 찾은 나를 알기 위한 방법이자, 불안감을 극복하기 위한 방법은 그래서 리밸런싱, 바로 균형 잡기다.

지금부터 내가 이야기하려는 KISS도 이것이다. 자신을 알아가는 과정에서 수없이 반복했던 균형 잡기에 대한 이야기가 될 것이며, 그 이야기를 내가 겪은 경험과 내가 봤던 청춘들의 삶을 통해 채워나갈 것이다.

미리 고백하자면 이 이야기는 절대 나처럼 살라는 말로 마무리하진 않을 것이다. 당연히 내가 정답도 아니거니와 사는 데 정답이 있을 수 없기 때문이다. 삶이란 죽을 때까지 주관식이고 채점자도 자신인 시험이다. 무엇보다 내가 가장 듣기 싫은 말이 '야 넌 틀렸어, 나처럼 하는 게 맞아'라는 말이기 때문이다.

모든 것을 갖췄다.

단지 이 짧고 간단한 주제에 관해, 그 과정이 얼마나 치열하고 힘들었는지 이야기하려 한다. 그 과정에서 우리는 얼마나 고민할 수밖에 없는지, 방황할 수밖에 없는지를 이야기하려 한다. 아는 것이 단순하다고 행하는 것까지 단순한 것은 아니라는 간디의 말처럼 나를 알아간다는 명제가, 균형을 잡으라는 행동지침이 얼마나 어려운 길인지 이야기하려 한다.

다만 불안이라는 지옥 속에서 길을 잃은 채 멈춰 있는 것보단 힘들어도 계속 걸어가는 것이 낫다는 이야기를 하고 싶다. 걷다 보면 언젠간 끝은 보일 테니까.

아직 내 길이 다 끝나진 않았지만, 그래도 누군가 내 삶을 물으면 '저는 지금 행복합니다'라는 말을 겨우 할 수 있게 되었다. 그 이야기를 하려고 한다. 조금 길어질 이 이야기 속에 훗날 여러분들이 미소 지을 수 있는 단초가 있길 기대해 본다.

Chapter 2

불안한 것이
당연하다,
나를 잃었으니

목적지에 도달하기 위해
지도를 펼치고
가장 먼저 할 일은
지도에서
내 위치를 확인하는 것.
어느 날 내가 사는
세상 지도 위에
내가 지워졌다는 것을
깨달았다.

남들처럼 살던 내겐 내가 없었다

수업시간에 경청하지 않고 노트에 그림을 그리던 동기생들은 나중에 위대한 화가가 될지도 모르지만, 수업시간에 열심히 필기를 한 저는 어느 누구보다 시험을 잘 치르는 사람이 되었습니다. 다른 친구들이 작곡과 작사에 열중하는 동안 저는 학과 점수를 조금이라도 더 따기 위해 특별활동도 마다하지 않았습니다. 그런데 지금은 이런 생각이 듭니다. 내가 왜 수석이 되기 위해 그리도 발버둥 쳤을까? 이게 무슨 의미가 있는 것일까?

제가 고등교육을 마치고 나면 과연 성공할 수 있을지, 아니면 영원히 헤매게 될지 잘 모르겠습니다. 제 인생을 앞으로 어떻게 설계해야 할지 전혀 모르겠습니다. 특별한 관심 분야도 없어요. 저는 학교에서 배운 모든 분야에서 남보다 앞서 나갔습니다. 하지만 그 분야를 배우기 위해서가 아니라 남들보다 더 좋은 점수를 받기 위해 매달렸던 것입니다. 솔직히 말해서 저는 지금 두렵습니다.

_ 미국 콕새키-아테네 고등학교 졸업식에서 수석 졸업생인 에리카 골드슨의 연설

저는 대한민국 최고의 학벌을 가졌습니다. 최고 학벌이 주는 유일한 장점은 자기소개서를 솔직하게 써도 떨어질 일이 없다는 것 정도입니다. 그래서 깨달았습니다. 솔직하게 적으려고 보니 정말 소개할 만한 것이 없다는 것을. 아니 소개할 만큼 내가 나를 모르고 있다는 것을요.

_ S대 전기공학과 P군과 술자리에서 나눈 대화

내가 참 좋아하는 한 미드 오프닝 장면에 이런 대사가 나온다. 문제를 해결하기 위해 가장 먼저 해야 하는 것은 문제가 있다는 것을 인식하는 것이라는 대사인데 곱씹을수록 참

불안한 것이 당연하다,

맞는 말이라는 생각이 든다.

모든 문제의 해결은 문제를 인식하는 것에서 출발한다. 그리고 문제를 인식한 후의 행동이 문제를 해결하기도, 문제를 더욱 어렵게 만들기도 한다. 불안함을 해결하기 위한 시작은 불안의 근원인 '나 자신이 없음'을 인식하는 것이다.

나는 그 인식이 남들보다 늦은 편에 속했다. 살면서 몇 번의 불안감을 느꼈지만 그때의 나는 그 불안감을 마주할 주제도 되지 못했다. 매 순간 느껴졌던 정체 모를 불안감을 무시하며 시간을 흘려보냈다.

기억나는 최초의 불안감은 중학교에서 고등학교로 넘어갈 때 즈음이었다. 그때 나와 친했던 친구들은 인문계와 실업계로 나뉘었다. 친구들과 영원히 함께하고 싶다는 막연한 내 생각과는 다르게 저마다의 선택을 하고 있었다.

그 안에서 나는 어느 편에 편승할지만 생각했다. 누가 날 더 재미있게 할까라는 안이한 생각이 내 판단의 기준이었다. 아니 사실 그 기준조차 명확하지 않았다. 그저 피상적인 고민에 불과했다.

그런 고민이 계속되었던 어느 날, 이미 차도 잠이 들어버린 도로 위 신호등 앞에서 문득 이런 생각이 들었다. '진짜 앞으로 많은 것들이 바뀌겠구나, 어떻게 해야 하지?' 그때였다, 불안해진 것은. 그것이 내가 기억하는 가장 어린 날의 불안감이다.

두 번째 불안감은 고등학교 3학년 때 찾아왔다. 3학년이 되니 참으로 이상한 현상이 일어났다. 친구들은 누가 시키지도 않았는데 공부라는 기준으로 두 갈래로 나눠졌다. 갑자기 열심히 공부하는 친구들과 공부는 아예 포기하고 놀 궁리를 하는 친구들.

전자는 11시까지 야간자율학습을 했고, 후자는 6시가 되기 무섭게 학원에 가야 한다는 거짓말로 학교를 벗어났다. 물론 '후자'에 내가 있었다. 그렇지만 공부를 포기한 다른 친구들과는 조금 달랐다. 그들처럼 온전히 포기하지도, 그렇다고 제대로 놀지도 못한 것이다. 수업은 열심히 들었다. 독서실도 등록했다. 그렇다고 독서실에서 공부를 열심히 한 것도 아니었다. 독서실에 가는 날 반, 책가방을 던져놓고 친구들과 노는 날이 반이었다.

수능이 100일 앞으로 다가왔을 때, 꼴에 들은 건 있어서

100일주랍시고 어설프게 챙겨 먹고 집으로 돌아오는 길에서였다. 취기가 오른 내 모습을 숨기기 위해 아파트 공동 화장실의 세면대에서 세수를 하고 마주한 거울 속의 나를 보며 문득 이런 생각이 들었다.

'나는 지금 뭘 하는 거지? 공부를 하는 것도, 노는 것도 아닌 나는 지금 무엇을 하는 거지?'

그때 다시 알 수 없는 불안감이 나를 덮쳤다.

기억나는 세 번째 불안감이자 앞으로 이야기할 모든 것의 시작이 된 불안감은 5년이란 세월이 흐른 뒤였다. 여차여차해서 대학교에 들어왔고 앞서 말한 것처럼 여자가 많은 학과에 들어왔다. 군대를 다녀왔고 그래서 마치 철이 든 것처럼 행동하며 학교를 다녔다. 수업을 빼먹지 않았고, 가끔 있는 술자리에서는 그렇게 싫어했던 교수님의 옆자리를 피하지 않게 되었다.

교수님의 술자리 이야기를 설교를 듣는 신도처럼 경청했고, 교수님이 자리를 떠난 후엔 돌연 선배인 양 후배들에게 이런저런 설교를 술기운과 함께 내뱉곤 했다.

새 학기가 시작되고 한 선배가 이젠 정신 차려야 하지 않겠냐는 말과 함께 학과에서 만든 취업반에 들어오라는 제안을 했다. 취업반에게 지원되는 다소 큰 공간을 둘러보는데 그곳엔 고등학교 때의 모습이 있었다. 그토록 싫어했던 야간자율학습을 하는 것과 같은 모습의 수많은 동기, 선배들을 보는 순간 정중하게 거절하고 그 자리를 나왔다.

멍하게 혼자 자주 가는 바에 들러 소주보다 독한 술을 마시며 나에게 물어봤다.

'결국 이 짓거리를 하려고 지금까지 이렇게 살았던 건가? 결국 저렇게 노력하다 취업하면 되는 건가?'

'살아봐라 이 자식아, 결국 다 그렇게 살아간다라던 부모님의 말씀처럼 그냥 이렇게 살면 되는 건가?'

불안했다. 갑자기 미친 듯이 불안했다.

알았던 것이다. 정확하게는 그때서야 깨달았던 것이다. 적어도 지금 내가 살고 있는 모습에 무언가 빠져 있다는 것을 그제야 깨달은 것이다. 내가 느꼈던 불안감의 이유는 지극히 단순했다. 왜 그걸 지금까지 몰랐을까 하며 스스로를 문책할 만큼 단순했다. 멀쩡해 보이는 내게 딱 한 가지가 빠져 있었던 것이다.

불안한 것이 당연하다.

내 삶엔, 내 고민엔, 내 현실엔, 나 자신이 없었다.

그 밤 길 위에서 불안했던 15세의 내게는 없었다. 화장실의 세면대를 마주했던 19세의 내게도, 독한 술잔을 마주하고 있던 25세의 내게도 없었다. 나 자신에 대한 고민이 말이다. 어떤 친구들과 함께 갈까라는 질문들, 어떤 친구들의 모습을 닮아야 할까라는 질문들, 저렇게 취업 준비를 하는 모습을 따라야 할까라는 질문들을 수없이 자신에게 물어보며 정작 물어봤어야 하는 이 질문은 빠져 있었던 것이다.

'제갈현열, 넌 뭘 원하는데?'

지금까지 나는 남들만 보며 살았구나, 남들이 사는 모습, 판단하는 모습, 남들이 이야기하는 현실에 휘둘리며 살았구나. 그러니 지금도 병신같이 이렇게 앉아 나보다 훨씬 더 노력하며 사는 사람들의 모습을 보며 저렇게 살긴 싫은데 그렇다고 어떻게 살아야 하는지는 모르겠다며 대책 없는 고민을 술로 달래고 있구나.

나는 지금까지 타자의 욕망에만 휘둘리며 살았구나.

25세가 되어서야 내가 불안했던 이유를 깨달았다. 나에겐 내 자신이 빠져 있었음을 그때야 알게 되었다.

내가 없었다. 25년을, 9,000일이 넘는 날들을 보내면서도 내 안에 내가 없었다. 온통 주변의 눈치, 타자의 욕망, 그런 것들이 만들어놓은 중압감들뿐이었다. 그 안에서 바둥거리며 불안감에 휩싸여 있었다. 25세의 나는 그렇게 살고 있었다.

내가 없으니 내 길도 당연히 없겠지,

내 길이 없는데 걸어가야 하니

별수 있나, 남의 길을 베껴야지.

남의 길을 베끼다 보니 당연한 것 아니겠나,

그 길을 먼저 걸은 남보다 뒤처지는 것이,

그러다 보니 서둘러야지. 내 길도 아닌데 말야.

내 길도 아닌 길을 생각도 없이 서두르는데

당연한 것 아닌가, 불안한 것이.

내가 느끼는 불안감의 원인을 처음 알게 된 그날, 허탈하면서도 상쾌한 기분이 들었다. 흐릿했던 시야가 갑자기 맑게 보이는 것처럼 말이다. 여전히 정해진 것은 아무것도 없었지만 원인을 알아냈다. 모든 문제는 원인을 알면 해결책이 보이는 법이다. 당장 무엇을 해야 하는지 몰랐던 내가, 이젠 무엇을 해결해야 하는지 알게 된 것이다.

소크라테스의 가장 유명한 말이 '너 자신을 알라'는 데에는 그럴 만한 이유가 있었다. 공자가 30세를 이립(而立, 기초를 세워 홀로 서는 것)이라고 한 데에도 이유가 있었다. 결국 가장 중요한 일이자 최초의 시작은 '나를 알고 내 뜻을 세우는 것'이었다.

내가 누군지를 알면 되는구나. 그럼 이제 내가 누군지를 알아보자. 상쾌한 마음으로 나를 돌아보려 했을 때 다시 한번 깨달았다. 나를 안다는 것이 그리 쉬운 일이 아님을.

그게 나라는 걸 인정했을 때

일본에 신의라 불리는 유명한 의사의 인터뷰였어요. 어떻게 그런 실력을 가지게 되었냐는 질문에 의사는 '나는 사람 몸을 째는 게 너무 재미있습니다'라고 했대요. 휴머니즘이나 생명에 대한 고결함 같은 대답을 기대했던 사람들은 아연실색을 했겠죠. 근데 전 그렇게 생각해요. 그 사람이 남들보다 뛰어난 의사가 될 수 있었던 것은 누구보다 자신을 잘 이해했기 때문이에요. 남들 눈을 의식하지 않은 순수한 자기 욕망이 있었기 때문이라고요.

_ 자신을 성공한 오덕후로 소개해주길 바란, 괘씸하지만 성공한 30세 K군과의 술자리

불안한 것이 당연하다,

쉬울 줄 알았다. 늘 함께한 존재였으니까. 금방 알 수 있을 줄 알았다. 세상 누구보다 가장 잘 알고 있는 존재니깐 당연히 규정하는 것도 쉬울 줄 알았다.

한데 쉽지가 않았다. 우선 질문 자체가 너무나 막연했다. 어설프게 규정하려니 지나치게 간사한 자기 포장으로 떨어지기 십상이었고, 진지하게 생각하려고 하면 지나치게 철학적인 답들이 쏟아져 나왔다. 나를 알기 전에 이 질문부터 먼저 해결해야 했다.

나를 안다는 것은 무엇일까?

한 가지 문제를 이렇게까지 고민한 적은 거의 없었다. 2주가 넘게 고민했지만 여전히 답을 내리지 못했다. 누군가의 조언을 들으면 어떨까란 생각이 들었고 마침 떠오르는 사람이 있었다.

학창 시절 내겐 늘 멋있던 사람, 학생으로서 하지 말아야 할 행동을 밥 먹듯이 했지만 인간으로서 실망스런 모습은 단 한 번도 보인 적이 없었던 사람, 그래서 세상은 오답이라며 문제아라며 손가락질했지만 내겐 늘 따르고 싶었던 사람. 핏줄이 아닌 사람 중 유일하게 '행님'이라고 불렀던 그 사람.

그에게 전화를 걸었다. 머리가 굵어진 후 연락이 뜸해졌기에 오랜만에 나누는 대화가 어색했다. 그렇게 두서없던 나의 횡성수설에 형은 수화기 너머로 딱 세 마디를 말했다.

"말이 길어질 것 같네. 얼굴 보고 이야기하자, 나와라."

어느 술집, 술잔이 오고 가며 부딪친 횟수보다 더 많은 이야기가 쌓여갔다. 한 번도 이런 어려운 대화를 해본 적이 없어서 어색할 것이란 걱정과는 다르게 반갑고 즐거웠다. 한 시간이 지났을까 긴 이야기 끝에 형이 나에게 들려준 이야기를 나는 잊질 못한다.

"열아, 사람마다 다 사는 게 다르고, 생각하는 게 다 다르다 아이가. 그래서 지금 니 이야길 듣고 있다고 니 상황 다 이해한다고는 형이 말을 못하겠다. 다만 니 이야길 들으면서 나를 돌아봤는데, 니도 알겠지만 형이 '바른' 사람은 아니었다 아이가. 고등학교를 제대로 나오기를 했나, 번듯한 직장이 있는 것도 아니고, 뭐 지금 하는 일도 이제 좀 자리 잡았다만은 아직도 많이 실수하고 또 반성하면서 지낸다. 그래도 나는 내가 살아온 길에서 자신감이 없었던 적은 없

불안한 것이 당연하다,

었다. 아마 니는 그런 내 모습을 보고 이런 고민을 꺼냈을 꺼다. 그래서 내가 자신감이 붙은 이유를 알면 니한테 해줄 말도 보일 것 같아서 내가 언제부터 이래 자신감 있게 살았는가를 생각해보니, 내가 자신감이 생긴 때는 내가 나를 인정하면서부터였던 것 같다. 열여덟 살 때였을 꺼다. 그때 갑자기 그런 생각이 들더라. 아, 나는 죽어도 얍삽하게는 못 살겠구나. 좀 손해 봐도 그게 마음이 편하구나. 별수 있나, 그러면 이제 그래 살자 싶더라. 그 후로 내가 정한 내 인생의 2가지는 '나는 순간 손해 보는 사람이다. 근데 같은 손해 2번은 안 본다'랑 '사람이 이때다 싶을 때는 아무리 욕심나도 사람같이 행동하자' 이거가 됐다. 그러고 나니 그 뒤론 내가 어떠한 일을 하든 이 2가지에 맞게 행동하게 되더라. 그렇게 걸어오다 보니 지금 내가 된 것 같다."

그렇게 내게 해답과도 같은 이야기를 들었다. 형이 말을 이어나갔다.

"먼저 네 욕망을 받아들여라. 그게 좋은 모습이든 싫은 모습이든 그런 것 상관없이 자기가 어떤 사람인지 받아들여라. 나는 내가 정한 이 2가지가 좋은 건지 나쁜 건지 솔직히 아직도 모르겠다. 아니 모르는 게 아니라 그냥 그게 내 모습이다. 별수 있나, 그게 내 모습인데."

받아들여야 한다는 말, 인정할 줄 알아야 한다는 말, 구태여 미사여구로 꾸미는 것이 아니라 지금까지 내 인생에서 나만의 욕망을 찾아 그대로 받아들이고 인정해야 한다는 말, 그 당연한 말이 내가 찾던 내 질문의 해답이었다.

남들이 그리고 나 스스로가 '이건 정말 제갈현열 같네'라고 생각했던 순간들을 돌이켜보니 내게도 온전한 내 모습이 보였다. 그렇게 발견한 내 모습은,

- 내가 좋아하는 분야에서만큼은 지는 걸 죽기보다 싫어한다.
- 나는 하고 싶은 말은 하고 살아야 했다. 적을 만들든 손해를 보든 간에.
- 나는 시키는 일은 못했다. 아니, 해야 하는 일이라도 시키는 일은 안 했다.

의리가 있다, 자기 사람한테 잘해준다, 말을 잘한다 등 다른 사람에게 들었던 칭찬이 아니라 내가 느끼는 내 모습은

불안한 것이 당연하다,

이랬다. 아, 그렇구나. 나는 이런 사람이었구나. 이게 나구나, 이게 나라면 받아들이는 것부터 시작해보자. 좋든 싫든 25년을 살면서 만들어진 모습이 저것이라면 저게 나다. 받아들이자.

그렇게 25세의 봄날 나를 받아들였다. 그때부터 내 삶에 조금씩 내가 나타나기 시작했다.

그제야 내가 보았다

변호사라는 직업을 포기하는 것이 어렵지 않았냐는 이야기를 늘 들어. 배낭 하나 달랑 맨 여행가로 사는 걸 보는 사람들이 늘 묻는 말이야. 하지만 난 포기한 게 아니야. 어느 순간 깨달은 거지. 내 눈이 법정 안의 세상보다 법정 밖의 세상을 원하고 있다는 걸. 그걸 깨닫고 나니 포기고 뭐고가 없었어. 당연히 나를 찾아 떠난 거지. 변호사? 그걸 내려놓는 건 기억이 나지 않을 만큼 쉬웠어. 세상 밖에 내가 있다는 걸 알기까지가 어려운 거지. 그걸 알고 나면 자연스럽게 보여. 어떻게 살아야 할지 말이야.

불안한 것이 당연하다,

그런 순간들이 있다. 밥을 먹으면 배가 부르듯, 달리기 시작하면 땀이 나듯 하나의 행동이 자연스럽게 다음 행동으로 연결되는 순간. 나를 알아가는 과정에서도 그런 순간들이 있었다. 나를 받아들이고 나니 자연스럽게 무엇을 해야 하는지 알게 되는 그런 순간들 말이다.

25세, 나를 받아들이고 인정하기 시작했다. 인정하고 보니 나란 존재가 썩 사회적인 존재는 아니라는 생각이 들었다. 도리어 남들이 그리 좋아하지 않는 성격이라는 생각이 들 정도였다. 실제로 주위 사람들은 내게 '넌 참 시소 같은 놈이다. 너를 아는 사람 중 너에 대해 별 생각이 없는 사람은 극히 드물거든. 널 좋아하거나 싫어하거나 둘 중 하나지. 물론 후자가 압도적인 게 흠이긴 하다만' 이란 말을 농담 반 진담 반으로 말하곤 했으니 말이다.

지기 싫어하고 지극히 자기중심적이며 직설적이기까지 한 사람. 좋든 싫든 그게 나였다. 그 사실을 비로소 인정하고 받아들였다. 나를 받아들이고 나니 자연스럽게 다음 질문이 이어졌다. 그렇다면 나는 나를 어떻게 하고 싶은 걸까?

그리 사회적인 존재는 아니지만 그런 내가 싫지는 않았다. 오히려 사회적인 존재로 주변에서 좋은 사람이란 말을 듣는 호인으로 살고 싶지는 않다는 생각이 들 정도였다. 내가 갑자기 변할 것 같지도 않았고, 무엇보다 호인으로 살면 평생 스트레스를 받을 것 같은 불편한 예상이 있었던 탓이다. 그러다 보니 결론은 자연스럽게 내려졌다.

지금처럼 살되, 지금의 모습을 비웃거나 천대하는 이가 없는 삶을 살자.

그렇게 살면 큰코다친다, 아직 네가 세상을 몰라서 그렇다, 가진 건 쥐뿔도 없는 놈이 자존심만 세운다 등 왕왕 들었던 이런 말에서 자유로워지고 싶었다. 나에 대한 숱한 오류를 지적하는 사람들, 나에게 늘 안 된다고 말하는 사람들이 더 이상 아무런 말도 못하는 그런 삶을 살고 싶었다.

그런 삶은 무엇을 갖추었을 때 가능하게 될까? 토머스 에디슨이 괴팍하기로 유명했음에도 불구하고 발명왕이란 칭호를 얻게 된 이유, 피카소가 평생 여자에 미쳐 지내며 자기밖에 모른 채 살았지만 미술계가 최고의 찬사를 보낸 이유,

불안한 것이 당연하다,

스티브 잡스의 괴팍한 성격과 막말은 애플이 그를 버리게 만들었지만 끝내 애플이 다시 그를 찾게 만든 그것, 그것은 바로 능력이었다.

세상이 한 사람을 무시하지 못하게 만드는 힘이자, 세상이 그 사람을 있는 그대로 평가하게 만드는 힘, 그건 능력이었다. 세상은 능력 없는 자에겐 맞춤을 강요하지만 능력 있는 자에겐 되레 맞춰주니까, 능력이 있다면 온전한 나 자신을 유지할 수 있고 무시당하지 않을 수 있다는 생각이 들었다.

그래, 능력을 키우자. 앞으로 내가 무슨 일을 하든 그 일에 대해서만큼은 누구보다 잘한다는 말을 듣자. 최고의 능력을 키우자. 그리고 그 분야가 뭐가 될지는 모르지만 지기 싫어할 정도의 열의를 보일 수 있는 분야로 정하자. 솔직하게 이야기하는 것이 걸림돌이 되지 않으며, 무엇보다 다른 사람의 지시를 받지 않는, 내 스스로 개척하며 일할 수 있는 분야라면 대략적으로나마 나에게 맞을 것이다.

이렇게 막연하게나마 내 길을 정했다. 25세가 되어서야 앞으로 어떻게 살 것인가에 대한 나만의 기준을 세울 수 있었다. 남들이 나를 어떻게 보느냐, 남들과 어떻게 비교할 것이냐가 아닌 오로지 나만의 기준으로 내 앞길을 세우게 된 것이다. 이 모든 것은 단지 하나의 행동에서 비롯되었다.

편견과 선입견 없이 있는 그대로의 나를 인정하는 것, 그 하나에서.

정말 거짓말처럼 전에는 보이지 않았던 나만의 길이 나도 모르는 사이에 그려진 것이다.

불안한 것이 당연하다,

기회란
꿈꾸는 자의
소망이 아니라
준비된 자의
해석이다

다리가 불편한 덕분에, 농사일을 하지 않아도 되었습니다. 그 덕에 공부를 할 수 있었죠. 집이 가난한 덕분에 전액 장학금을 받기 위해 노력했고 그 노력이 저를 발전시켰습니다. 장애가 있었던 덕분에 늘 겸손하게 사람을 대했고, 그 덕분에 부족한 저이지만 여기까지 올 수 있었습니다.

_ 소아마비가 있는, 이채필 전 고용노동부 장관과의 독대 담화 중

사람들은 언제나 기회를 꿈꾼다. 누구는 신데렐라와 같은

환상으로 표현하기도 하며 누구는 준비되어 있기에 당연히 올 거라 믿는 희망으로 표현하기도 한다. 하지만 내 생각은 조금 다르다. 많은 이들이 기회라는 단어에 긍정의 의미를 부여하지만 내게 기회는 긍정도 부정도 아닌 그저 하나의 시작점이다.

매 순간 다양한 상황을 마주하게 되고 그 상황에서 선택을 하는 것이 삶이다. 행복한 상황이든 불행한 상황이든 그 상황 자체가 이미 계기이며, 그 계기를 어떻게 해석하느냐에 따라 기회가 될 수도, 일상이나 불쾌한 기억이 될 수도 있다. 계기를 해석하는 틀은 결국 나 자신의 상태가 결정된다.

즉, 모든 계기는 기회가 된다. 준비된 내가 어떻게 해석하느냐에 따라.

나를 인정하고 받아들이는 단계가 없었다면 그저 좋지 않을 기억으로 치부될 사건이 2개가 있었다. 두 사건 모두 내가 들었던 수업과 관련이 있다. 처음에는 불쾌했으나 결국에는 내게 기회가 되었다.

첫 번째 사건은 온라인 수업이었다. 당시 답 없이 살던 나를 잘 보여주듯 시간표는 주 3일로 짜여 있었다. 보통 주 4일로 수업을 짜고 금, 토, 일 혹은 토, 일, 월을 자체 휴무로 만드는 센스(?)가 당시 우리 학과의 유행이었는데 여기에 질 수 없다는 생각으로 나는 아예 주 2일로 시간표를 짜려고 노력했다.

무던히도 노력했으나 물리적으로 불가능해 어쩔 수 없이 온라인 강좌를 2개 포함시켜 주 3일로 겨우 맞췄다. 그 덕분에 나는 전혀 관심도 없는 온라인 수업 2개를 단지 시간표를 맞추기 위해 수강했다. 당연히 그 수업엔 아무런 흥미도, 의미도 없었다. 아무 의미가 없던 그 온라인 수업은 '유럽인의 삶과 문화'였다. 400명이 넘는 학생이 듣는 수업이었지만 온라인 강좌다 보니 교수든 학생이든 서로 마주할 일이 없었다.

사건은 온라인상에서 벌어졌다. 당시 온라인 과제를 제출하며 나는 '교수자'라는 단어를 사용했는데, 담당 교수는 교수자란 북한에서나 쓰는 말이기 때문에 그런 말은 써선 안 된다며 다음에는 교수님이란 단어를 쓰라는 피드백과 함께 과제에 최하점을 주었다.

내가 최하점을 받은 이유가 단지 교수자라는 단어를 써서라고 생각한 나는 '두산백과사전'에 교수자란 단어가 엄연히 등록되었는데 그럼 '두산백과사전'은 북한에서 만들었냐며, 더군다나 특정인이 아니라 다수의 직업군에 포함된 사람을 지칭할 때 의사님, 변호사님이 아닌 의사, 변호사라고 쓰듯 내가 쓴 교수라는 단어의 쓰임도 특정인이 아닌 다수의 직업군을 지칭하는 용어이기 때문에 교수자 혹은 교수라는 단어가 맞지 교수님이란 단어는 맞지 않는다고 주장했다. 대한민국에서 다수 직업군을 지칭할 때 끝에 '님'자를 반드시 붙여야 하는 직업은 '스님'밖에 없다는 말로 마무리하며 해당 내용을 게시판에 남겼고 이로 인해 교수와의 기나긴 온라인 배틀이 시작되었다. 온라인 배틀의 마지막에 그 교수는 결정타를 날렸다.

'학생처럼 안하무인의 태도로 수업을 듣는 사람 중 제대로 수업에 참여하는 사람은 보질 못했다.'

더욱 발끈한 나는 공개적으로 전쟁을 선언하는 댓글을 남기고 말았다. 솔직히 이 모든 이야기는 어렸을 적 이야기다. 어른스럽지 못했다는 점은 인정한다. 하지만 지금도 내 태도는 부적절했을지 몰라도 내 생각이 잘못되었다고는 생각하지 않는다.

'지금까지 제대로 된 걸 못 보고 사셨네요. 제가 보여드리죠. 평가가 객관적이길 바랄 뿐입니다.'

이 댓글을 적고 2분 정도는 학점관리니, 교수와의 관계에서 오는 필연적 갑을 관계니 하는 것들을 떠올리며 후회했다. 하지만 불과 얼마 전에 스스로 정의한 내 모습, 적을 만들지라도 하고 싶은 말, 옳다고 생각하는 말은 하고 사는 사람인 나는 이런 행동이 오히려 나다운 태도라며, 이렇게 하는 것이 옳다고 스스로를 다잡았다.

중요한 것은 이 이후의 내 행동이다. 나 스스로를 유지하기 위해 설정한 가장 기본적인 목표는 '능력'이었다. 능력이 없다면 그냥 모난 돌처럼 정을 맞고 비웃음당하며 끝날 일이었다. 어떻게든 이 수업에서 내가 한 말을 지켜내야겠다는 생각이 들었다. 이게 자부심이 될지, 자만심이 될지는 결국 내 능력이 결정한다고 생각했다. 그 이후에도 나는 늘 자부심과 자만심을 이렇게 정의하곤 한다.

자부심과 자만심을 나누는 것은 태도가 아니라 능력이다.

여하튼 그 후로 수업을 듣는 내 자세가 바뀌었다. 다른 어떤 수업보다 열심히 들었고, 매주 주어지는 과제를 인생 과제처럼 수행했다. 그중 지금도 뚜렷이 기억하고, 그 교수도 가끔 이야기한다는 사건이 최종 과제 제출 때 일어났다. 지금까지 배운 내용 중 하나를 정해 좀더 심도 깊은 내용을 담아 보고서 형태로 제출하라는 과제였는데 분량이 A4 용지 5장 이상이었다. 다른 학생들은 대략 5~10장 내외로 보고서를 제출했는데 나는 85장의 워드 보고서와 147장의 PPT 발표본을 만들어 제출했다. 그것도 인터넷을 통해 자료를 찾은 것이 아니라 논문과 전문 서적 심지어는 담당 교수 인터뷰까지 직접 해가며 말이다.

일주일을 꼬박 매달려 마감 직전에야 겨우 제출했고 내가 제출한 과제에 이례적으로 '이분 인생 거셨네' 늦게 제출해서 고마워요. 만약에 이걸 봤다면 기 죽어서 제출 못했을 거예요'라는 식의 댓글이 달렸던 기억이 난다. 그렇게 수강 과정이 끝나고 자유 게시판에는 해당 교수의 글이 올라왔다.

'짝짝짝. 제갈현열 학생, 수업을 듣는 410명 중에서 당당히 1등을 하셨습니다. 축하하며 앞으로도 그 열정을 가지고

불안한 것이 당연하다.

세상에 나아가길 기원합니다.'

별것도 아니었을 이 사건은 내겐 글로 기록할 만큼 큰 사건이자 기회였다. 이유는 이 사건이 나를 받아들인 후 최초로 일어난 사건이고 무엇보다 결과를 만든 사건이기 때문이다.

이 사건 이후 아주 조금이지만 '지금의 이 태도만 잘 기억하고 발전시킨다면 나답게, 제갈현열답게 살 수 있겠구나'라는 믿음이 생기기 시작했다.

앞서 말했듯 기회란 '뜻밖의 선물'이 아니라 '준비된 사람이 일상에서 겪은 수많은 계기'라는 이름의 돌덩이를 조각해서 만드는 작품일지도 모른다.

첫 번째 사건이 내게 믿음의 가능성을 줬다면 두 번째 사건은 내 인생을 바꾸는 결정적 기회였다. 여담이긴 하지만 두 번째 사건을 쓰려다 보니 나는 문제라는 말만 듣더니, 정말 문제아답게 문제들만 만났고, 그걸 통해 기어 올라왔다는 생각이 든다.

사건의 시작은 역시나 수업 시간에 일어났다. 25세가 되던 해 나는 처음으로 내 과의 전공수업을 듣게 되었다. 부지런히 준비한 청춘이 졸업반 수업을 들을 나이에 전공 공부를 시작한 것이다. '광고기획론'이라는 수업이었다. 우리 학교의 광고홍보학과 교육과정의 핵심은 '기획자 양성'이었고, 이 수업은 그 기획자를 양성하기 위한 가장 기초적인 단계로 기획에 대한 전반적인 지식을 알려주는 수업이었다.

이런 목적의 수업이다 보니 한 학기 전체 커리큘럼은 '자율 주제로 정한 브랜드의 광고 기획서 만들기'였다. 이때까지만 해도 나를 받아들이긴 했으나 내가 갈 길이 광고인지에 대한 확신은 없었다.

마침 어느 항공사 광고가 유난히 눈에 띄어 그 항공사에 대한 기획서를 작성해보기로 결정했다. 기획에 대해 지식은 전무했지만 기획이란 것도 결국은 설득을 위한 도구이며 설득이란 건 누구나 할 수 있는 거니까 다른 사람이 공감할 수 있는 이야기만 잘 찾아내면 할 만하다고 생각했다.

조사를 해보니 그 항공사는 국내 1위를 넘어 세계와 경쟁할 준비를 갖춘 항공사였다. 여러 자료를 살펴보니 이 정도의 항공사라면 이제는 제품력이 아니라 브랜드 가치에 대해 이야기하고 싶을 것이라는 생각이 들었다. 그래서 항공사의 품격에 대한 이야기로 광고기획서를 만들어 제출했다.

사건은 기획서를 제출한 후에 일어났다. 교수님이 수업 시간에 내가 만든 기획서를 스크린에 띄운 후 설명을 하기 시작한 것이다. 140명이 듣는 대형 수업이었다. 140명의 기획서 중 내 기획서가 모두에게 공개되었다. 차근차근 내 기획서를 설명하는 교수님을 보며 솔직히 '혹시 내가 광고 천재인가'라는 생각이 들었다. 기획서 설명을 마친 교수님은 나지막하게 이 기획서가 몇 점짜리냐는 질문을 던졌다.

수업시간에 학생들이 침묵하는 유일한 순간은 질문이 들어올 때라는 말처럼 140명이 듣는 강연장은 이내 침묵했다. 그런데 잠시 뒤 그 침묵을 깨는 목소리가 뒤에서 들렸다.

"빵점짜리 기획서예요."

순간 내 귀를 의심했다. 백과 빵을 잘못 들었나 하고.

"이 기획서에는 STP(Segmentation(세분화), Targeting(타깃팅), Positioning(포지셔닝))가 전혀 없어요. 목적이 없는 셈이죠. SWOT(Strength(강점), Weakness(약점), Opportunities(기회), Threats(위협)) 단계부터 분석이 부족했다고밖엔 볼 수 없어요. 저 브랜드의 BCG 매트릭스를 굳이 따지자면 캐시 카우(Cash Cow)인데 그 틀을 바꿔야 하는 논리적 근거도 전혀 없죠. 이런 건 기획서가 아니지요."

　이 말에 3가지 충격을 받았다. 가장 먼저 받은 충격은 내 무지에 대한 충격이었다. 기획서가 빵점이라는 것보다 기획서가 빵점이라는 저 학생의 말에 대꾸조차 못하는 내 자신의 무지였다. 내 전공에 대해 부끄러울 만큼 무지했던 것이다.

　두 번째 충격은 수치심이었다. 굼벵이도 구르는 재주가 있다고 당시 나는 다섯 살 어린 여자친구를 사귀고 있었다. 하필이면 그날, 그 친구는 시간이 남는다며 이 수업을 도강하며 함께 듣고 있었다. 빵점이라는 여학생의 말을 들으며 옆을 보니 어찌해야 될지 몰라 당황하는 내 여자친구가 있었다. 남자로서 수치스러웠다.

　마지막 세 번째는 반발심이었다. 나를 지키며 온전한 내 그대로의 모습을 인정받겠다. 그러기 위해 능력을 키우겠다고 결심했던 내가 그린 내 모습이 정면으로 부정당하는 순간이었다. 피기도 전에 샛바람의 매서움과 등산객의 신발에 짓밟힌 어느 산의 들꽃처럼 내 모습을 증명하기도 전에 부정당한 것이다. 아직까지 광고에 관심이 있었던 것은 아니었지만 여자친구의 존재 때문일까, 아니면 여자친구에게 잘 보이기 위해 마치 자랑하듯 전공에 대한 얼토당토 않는 지식을 늘어놨던 부끄러운 과거의 내 모습 때문일까, 여하튼 나 자신이 부정당하는 느낌이었다.

사실 세 번째 충격이 없었다면 이 사건은 시간이 지나 술 자리에서 내뱉을 굉장히 불쾌한 사건에 불과했을지도 모른 다. 아마 수업이 끝나고 그 학생에게 찾아가 쏘아붙이듯 막 말에 대한 사과를 요구했을 것이고, 잘해봤자 미안하다는 말을 듣거나 도리어 반박하는 그 학생과 찌질한 말싸움을 벌였을 것이다. 사실 140명이 듣는 수업에서 저렇게 당당하 게 누군가를 혹평한 학생이 쉽사리 사과하지도 않았을 것이 다. 후자가 되었을 확률이 높다. 그럼 난 더 비참한 기분을 느꼈을 것이다.

하지만 마침 운이 좋게도(?) 이 사건은 나 자신을 받아들 인 직후에 발생했고, 그래서 불쾌한 추억으로만 끝나지 않 았다. 오히려 새로운 변화의 기폭제가 되었다. 수업이 끝나 고 어쩔 줄 몰라 하며 내 눈치를 보고 있는 여자친구에게 말 했다.

"기다려봐라, 이번 학기 안에 내가 쟤는 이긴다."

그래, 이 오만하고도 거친 결심 하나로 진짜 내가 시작되었다.

사건은 그 자체로는 아무런 의미가 없다. 그 사건을 마주하는 내 그릇과 관점이 그 사건의 가치를 결정한다. 같은 사건이라도 그때의 내가 어떠한 태도와 관점을 가졌는지에 따라 얻게 되는 것은 전혀 다르다. 나를 받아들이고 인정할 수 있었기에, 이 사건은 내 인생의 최고의 기회가 되었다.

불안한 것이 당연하다,

내 길을 위해서라면 하기 싫은 일을 하지 않을 이유가 없다

가장 좋아하는 것은 가야금 연주입니다. 가장 싫어하는 것은 가야금 연습입니다.

_ 가야금 연주가, 국악인 황병기 선생님 인터뷰 중

저는 하기 싫은 일은 안 해요. 이 일을 하는 이유도 하기 싫은 일을 안 하면서 먹고살 수 있는 일이기 때문이죠. 이 일을 잘하려면 숫자와 세상에 밝아야 해요. 그런데 저는 숫자에 약하고, 세상에도 관심이 없었어요. 그런 것들을 싫어했거든요. 그런데 숫자를 싫어하고 세상에 관심 가지는 걸 싫어하는 것보다 하고 싶은 것만 하며 살고 싶다는 마음이 훨씬 컸어요. 그러다 보니 싫어하는 걸 하지 않기 위해, 그것보다는 덜 싫어하는 것들을 하게 되더라고요.

_ 주식 투자를 생업으로 하는 K군과 술자리에서 나눈 대화

누구에게나 하기 싫은 일들이 있다. 하기 싫은 일을 외면하는 사람들은 대개 이렇게 말한다. 자신은 마음만 먹으면, 하고 싶은 일을 하게만 되면 누구보다 열심히 한다고 말이다.

정말 그럴까? 미안하지만 틀린 말이다. 실상 자기가 좋아하는 일을 열심히 하지 않는 사람은 아무도 없다. 그건 특별한 것이 아니다. 진짜는 자신이 원하는 것을 이루기 위해 하기 싫은 일을 기꺼이 할 때 시작된다. 그리고 그 진짜는 단순히 흥미가 있는 분야가 아니라 자기가 담겨 있는 자신의 길일 때 나타난다.

나의 길을 걷기 위해서라면 하기 싫은 일을 하지 않을 이유가 없어진다.

나를 위한 발걸음은 이렇게 시작됐다. 독한 욕설을 내뱉으며 그 학생을 이기고자 결심했다. 헌데 앞서 겪었던 첫 번째

불안한 것이 당연하다.

사건과는 달리 이번 일은 그리 쉽지가 않았다. 교양수업은 기본적인 지식과 약간의 노력으로도 충분히 감당할 수 있었다. 물론 마지막 과제의 경우 도서관 논문을 긁어모으다시피 했으나 전체적인 수준은 그리 높지 않다. 그래서 투여한 시간만큼 충분히 결과물이 나왔다.

하지만 전공 수업은 조금 달랐다. 인터넷에서 광고나 광고 기획을 검색하면 재미난 광고 모음이 나오거나 광고를 잘 모르는 사람들을 위한 일반적인 설명이 나올 뿐 내가 찾는 지식은 존재하지 않았다. 그렇다고 어느 무협 영화에 나오는 주인공처럼 교수님을 찾아가 '복수를 하고 싶습니다. 저의 스승님이 되어 저에게 광고를 알려주십시오'라며 무릎을 꿇을 수도 없는 노릇이었다.

결심과 행동 이전에 방법에 대한 고민이 필요했던 것이다. 광고 기획의 전반적인, 나아가 깊이 있는 지식을 갖출 방법을 찾아야 했다. 내가 선택한 방법은 독서였다. 정확히는 내가 선택할 수 있는 방법 중 그나마 내가 할 수 있고 확실할 것 같았던 것이 독서였다. 어렸을 적부터 책은 좋아했다. 늘 바쁜 부모님 대신에 모르는 것은 항상 책에서 배운 경험 때문이었을까? 그렇게 내 발걸음은 자연스럽게 도서관으로 향했다.

계명대학교의 도서관은 굉장히 훌륭한 편이었다. 꽤나 많은 책이 있었고 학생이 필요한 책을 신청하면 어떠한 책이든 2주 안에 구비시켜놓는 빠른 대응성도 있었다. 무엇보다 굉장히 한산했다. 시험기간을 제외하면 도서관은 언제나 소수의 사람들만이 자리를 지켰다.

나 역시 대학을 다닌 지 4년이 되어가는 그때까지 도서관을 방문한 횟수가 등록금 낸 숫자와 비슷했다. 도서관의 경상 서적 코너에는 광고와 관련된 거의 대부분의 책들이 오지 않는 대여자를 기다리며 잠들어 있었다. 여기서부터 그 학생을 이기기 위한 여정이 시작되었다. 아무 생각 없이 제목에 광고와 기획이 들어간 책들을 읽기 시작했다.

앞서 말한 것처럼 나는 책을 좋아하는 편이었다. 어렸을 적 그리 넉넉하지 않은 환경에서도(사실 못 살았다. 그것도 꽤나 많이) 내 방은 없지만 내가 읽을 책은 늘 있었다. 놀거리가 부족했던 내가 처음 선택했던 놀거리도 책이었다. 그래서 책을 읽는 것에는 나름 자신이 있었다. 하지만 이번에는 조금

불안한 것이 당연하다,

달랐다. 처음에는 이상하리만치 책이 읽히지 않았다. 필립 코틀러와 필 듀센베리를 만났지만 이상하게 그들의 말하는 내용이 손에 잡히질 않았다. 왜냐하면 이 책들은 지금까지 내가 읽은 책과는 크게 달랐기 때문이다.

전혀, 매우, 재미가 없었다. 당연하겠지만, 나는 늘 내가 관심 있는 분야만 읽으며 살아왔다. 초등학교 입학 전에는 삼국지를, 초등학교 시절에는 자연과학 책을(그때 꿈은 과학자였다), 중학교 때는 시집을, 고등학교 때부터 지금까지는 주로 소설과 에세이를 읽은 내가 신비감과 상상력이 전무한 전공 책을 읽으려니 괴로울 수밖에 없었다.

처음으로 괴로워하며 책을 읽었다. 맨 처음 선택한 《기획의 99%는 컨셉이다》를 다 읽는 데 일주일이나 걸렸다.

나는 하기 싫은 일은 가급적 하지 않으며 살아왔다. 고등학교 때 야간자율학습이 의무였지만 나는 야간자율학습을 한 번도 하지 않았다. 당시 야간자율학습을 하지 않으면 다음 날 엉덩이를 10대씩 맞았다. 그럼에도 나는 늘 야간자율학습을 하지 않았고, 그래서 늘 아침이면 엉덩이를 10대씩 맞았다.

엉덩이에 멍이 들어 허벅지를 맞았다. 허벅지에 멍이 들자 종아리로 내려갔다. 한 달이 채 지나기도 전에 엉덩이부터 종아리까지 전부 피멍이 들었다. 더 이상 맞을 곳이 없을 지경에 이르러서야 담임선생님은 왜 야간자율학습을 하지 않냐고 물었고, 딱히 할 말이 없었던 나는 그냥 하기 싫다고 대답했다.

그날 선생님은 우리 반 학생들에게 이제부터 다른 애들은 야간자율학습을 안 하면 20대씩 맞고 제갈현열은 야간자율학습을 하면 20대를 맞는다. 이게 불공평하다고 생각되는 사람은 지금 말하거나 아니면 영원히 말하지 마라며 특혜 아닌 특혜를 줬다. 이후에도 학년이 바뀔 때 그 담임선생님은 새롭게 배정된 담임선생님에게 현열이는 야간자율학습을 안 한다. 나쁜 짓을 하려고 안 하는 게 아니라 그냥 애가 안 한다. 내가 죽을 정도로 때려봤는데도 안 한다. 그러니 설득할 수 있으면 설득하되, 가급적 야간자율학습을 시키지 말라고 했다. 어차피 있어 봤자 혼자 떠들고 놀아서 분위기만 망칠 것이라며 내 편(?)을 들어줬다. 그 덕분에 나는 고등학교 때 단 한 번도 야간자율학습을 하지 않았다. 나는 싫은 일은 어지간하면 하지 않았다.

　그런 내게 광고 관련 책읽기란 어떻게 보면 하기 싫은 일에 속했다. 기존의 '읽기'가 가졌던 매력은 없었고, 기존의 '읽기'엔 필요 없던 끈기라는 과정이 필요했다. 아마 그 전의 나였다면 한 권을 채 읽기도 전에 '내가 왜 이 고생을 해야 돼? 이건 손해야'라며 책을 덮었을 것이다. 그리고 소주한 잔 마시며 아직까지도 그 사건을 회자하며 그 학생을 욕하고 있었을 것이다.

　하지만 이번에는 달랐다. 분명 내가 하기 싫은 행동임에도 불구하고 포기하지 않고 묵묵히 해나가는 내 모습을 발견했다. 무엇이 달라졌기에 원하지 않는 일을 내 의지만으로 하고 있는 것일까? 그전과는 달라진 한 가지는 무엇일까?

　지켜야 할 것이 생겼기 때문이다. 바로 나 자신.

　이 일을 하기 싫은 마음보다 나를 인정해야 했을 때의 내 결심의 무게가 더욱 컸다. 받아들인 내 모습을 지키고 싶다는 열망이, 그러기 위해서는 실력이 있어야 한다고 느꼈던 내 깨달음이 더욱 컸다. 그래서 나는 책 읽기를 멈추지 않았다.

　책 1권을 일주일이나 걸려 읽었지만 큰 변화는 없었다. 괴로워하며 읽은 내용이 기억날 리 만무했다. 단지 다 읽었다는 기쁨만 있었다. 읽은 책이 늘수록 그 많은 책에서 하는 말이 큰 테두리 안에서 같다는 것을 알게 되었다. 책에서 말하는 내용들이 점점 익숙해지기 시작했다. 지식이 쌓이기 시작한 것이다. 점점 주도적으로 책을 읽게 되었다. 어느새 내용을 외우는 것이 아니라 책의 내용과 내가 알고 있는 내용을 서로 비교해가며 판단하는 단계에까지 이르렀다. 그렇게 6개월 동안 나는 계명대학교 도서관 5층에 앉아 광고 마케팅 관련 273권의 책을 모두 읽었다.

이때의 경험으로 지금의 내가 만들어졌다. 이후에 내가 했던 모든 노력과 내 삶의 과정들은 이 6개월의 시간을 끝으로 시작되었다. 그리고 이때의 일은 하기 싫은 일을 남이 시켜서가 아니라 내 의지로 했던 최초의 경험이다. 나를 받아들이고 내 길을 정한 것, 그것은 하기 싫은 일을 해야 할 이유와 의지를 만들어주었다.

이루고자 함이 하기 싫음을 이길 때부터다. 내 길의 시작은.

불안한 것이 당연하다,

확신은 결과 위에서 자란다

웃기지 않아요? 성공하지 않아도 괜찮다는 성공한 사람의 위로를 들으며 성공하지 못하는 자신을 자위하는 우리들이.

_ U대학 강연에서, 25세 P양과의 대화 내용

일을 시작할 수 있었던 이유는 내가 남들보다 요리를 잘한다는 확신이 들었기 때문이에요. 늘 내가 요리를 하면 여자친구든 주변 사람이든 너무 맛있다고 칭찬을 해줬거든요. 이 일을 시작하기 전에 길거리에서 내가 만든 요리를 100명

의 사람들에게 나눠줬어요. 그 사람들에게 설문지를 받았고
요. 70% 이상이 최고점을 주지 않으면 포기하려고 했어요.
정확히 87명이 최고점을 줬어요. 그래서 확신했죠. 이 길을
가자고. 그런 확신이 없었다면 여전히 방황하고 있었을 거
예요. 좋아하는 일을 생업으로 삼는 것은 어리석은 일이라
면서요.

_ 꽤나 유명한 타코집을 운영하는 L군과 술자리에서 나눈 대화

어떻게 하면 자신의 길이라 확신할 수 있냐는 질문을 수없
이 받는다. 답이야 없겠지만 나는 늘 일단 성과를 내보라고
이야기한다. 만약 자신의 길이라 생각했고, 그 길에 어느 정
도의 노력을 했다면 분명 성과가 날 것이라고. 만약 노력을
했음에도 불구하고 성과가 나지 않는다면, 스스로 확신할
만한 결과가 나오지 않는다면 그건 당신의 길이 아닐 거라
고, 자신의 길이라면 노력했는데 성과가 나지 않을 순 없다
고 말한다.

사실 나는 결과주의에 가까운 사람이다. 특히 자신만의 길
을 정하는 데 가장 중요한 것은 결과를 낼 수 있냐 없냐라고

확신한다. 생각은 변할 수 있고, 그에 따라 의지도 바뀔 수 있다. 그 생각과 의지를 흔들리지 않게 잡아주는 힘이자, 자신의 길을 다잡아주는 힘, 그건 결과일 수밖에 없다.

2006년 늦가을, 《거부할 수 없는 광고 계율》이란 273번째 책을 덮으며 생각했다. 이만하면 되었다, 이제 복수하자. 어떻게 복수를 할지를 생각하며 그 학생을 뒷조사하기 시작했다. 그러다 그 학생이 공모전을 준비한다는 이야기를 들었다. 그전까지 공모전은 나와는 전혀 상관이 없는 일이었다. 하지만 이제는 달라졌다. 냉정한 평가 후에 오직 승자와 패자로만 나눠지는 공모전은 복수할 수 있는 최적의 기회라는 생각이 들었다. 나는 그 학생이 도전하는 공모전에 같이 도전하기로 마음먹었다. 후에 알았지만 그 대회는 '대한민국 대학생 광고 경진대회'로 광고인을 꿈꾸는 모든 이들이 도전하는 국내에서 가장 큰 규모의 대회였다. '광고 고시'라는 별명을 얻을 만큼 치열한 대회였다.

군이 그 학생과 같은 공모전에 도전한 이유는 같은 대회여야 이기고 지는 것이 명쾌하게 나타난다는 점 외에도 같이 본선에 가서 무조건 내가 높은 상을 받은 후 수상 소감으로 이런 이야길 꼭 하고 싶어서였다.

"상을 받아 기쁘지만 한편으론 불쾌하기도 합니다. 저보다 낮은 상이긴 하지만 저 팀(그 학생이 속한 팀)의 기획서는 이런저런 이유로 굳이 점수를 매기자면 빵점짜리인데 어떻게 상을 받을 수 있는 거죠? 이해가 안 되네요."

나도 내가 치졸하다는 것을 안다. 하지만 고등학교 때 내 별명 중에 하나는 캐시백이었다. 받은 만큼 돌려준다고 말이다. 어쩌겠나. 좋고 싫고를 떠나 그게 나인데. 저 말을 할 수 있다면 내가 받은 걸 정확하게 돌려줄 수 있을 거라 생각했고(마침 본선을 함께 볼 청중의 수도 대략 140명 정도로 내가 망신을 당한 수업의 학생 수와 비슷했다) 만약 이런 똘끼 어린 대답으로 신문 등에 기사까지 난다면 배로 갚아주는 것이라 생각했다. 나중에 이런 비슷한 소감을 다른 자리에서 말한 적이 있었는데 수근거리며 욕만 하지 기사가 나진 않았다.

건방지게 보이겠지만 나는 공모전을 준비하면서 상을 받을 것이라고 100% 확신했다. 근거 없는 자신감이 아니다. 1등이 아닐 수는 있지만 최소한 떨어지지 않는 기획서를 만들 수 있다는 확신이 있었다. 그 확신의 근거는 막연한 자신감이 아니라 그 전까지 했던 나의 노력이었다.

　다른 누구라도 한 분야의 책을 200권 넘게 읽는 노력을 했다면 재능이 절대적으로 필요한 분야가 아닌 다음에야 경쟁에서 지지 않을 자신감이 드는 건 어쩌면 당연한 것이다.

　결과는 아쉽게도 절반의 성공이었다. 대구 · 경북지역 지역 본선에서 우리 팀은 1등을 했지만 그 팀은 상을 받지 못했다. 그래서 회심의 소감(?)을 말할 기회가 사라져버렸다. 그래도 각 지역에서 1, 2등에게만 주어지는 전국 대회 본선 진출 자격을 얻을 수 있었고 전국 대회에서 은상을 수상하며 첫 공모전이 끝이 났다. 전국에서 800여 팀, 3,000명이 넘는 대학생이 참가한, 무엇보다 처음 참가한 공모전에서 당당히 3등을 했다.

　이때 받은 상은 내 인생을 크게 변화시켰다. 가장 큰 변화는 이때부터 '광고'에 관심이 생기기 시작한 것이다. 설득하기 위한 구조를 짜는 것에 흥미가 생겼고, 창의적인 이야기를 상상하는 즐거움을 느꼈다. 내가 하고 싶은 이야기를 다른 이에게 전달할 수 있다는 의외의 즐거움을 발견했다.

　무엇보다 남들이 착하다고, 맞는다고 생각하는 이야기보

다 남들이 미처 생각하지 못했고 발견하지 못했던 이야기가 훨씬 더 좋은 평가를 받는다는 점이 마음에 들었다. 이 모든 점들이 내가 규정하고 받아들였던 내 모습과 맞닿아 있는 이야기였다.

광고는 내가 생각했던 제갈현열의 모습들을 존중해 주고 있었다.

또한 꺾는 즐거움과 꺾이는 불쾌함을 동시에 느낀 것도 큰 배움이었다. 그토록 이기고 싶었던 그 여학생을 꺾었을 때 느꼈던 즐거움은 그전에 느낄 수 없었던 새로운 형태의 즐거움이었고, 본선에서 3등을 했을 때 나보다 높은 상을 받은 누군가에게 다시는 지기 싫다는 승부욕이 일어나는 것도 좋았다. 늘 이렇게 경쟁하는 것이 광고라면 이거야말로 지기 싫어하는 내 투쟁심을 불타오르게 만들 좋은 장작이란 생각이 들었다.

하지만 다 제쳐두고, 이런 생각을 할 수 있었던 가장 중요한 요인은 결국 내가 상을 탔다는 데 있다. 상이라는 결과를 만들어냈기 때문에 이 모든 판단과 확신들이 부차적으로 따라올 수 있었다. 만약 내가 만족할 만한 성과를 내지 못했다면 어떻게 됐을까?

　과연 광고라는 분야를 선택해 계속 걸어나갈 수 있었을까? 자신 있게 그렇다고 말할 수 없다. 누군가는 목적이 정해지면 그 모든 실패를 담담하게 받아들일 용기가 생긴다고 말한다. 누군가는 100번의 실패도 성공하고자 하는 간절함을 이기지 못한다고 말한다. 하지만 나는 그렇게 멋지질 못했다. 만약 성과가 없었다면 아마 방황했을 것이다. 어쩌면 광고에 대한 흥미가 없어졌을지도 모른다.

　처음 말한 것처럼 지금도 자기 길을 걸어갈 때에 가장 중요한 것이 무엇이냐는 질문을 받으면 어떻게든 성과를 내는 것이라고 말한다. 성과라는 연료가 있을 때 내가 세운 내 길이라는 멋진 엔진이 돌아갈 수 있다. 누가 인정하고 하지 않고의 문제가 아니라 스스로 납득할 수 있는 성과를 내는 것, 그것으로 자신이 정한 길에 대한 확신은 생겨날 수 있다. 그리고 그 확신이 다음을 만든다.

　공모전을 끝나고 나는 성과라는 연료를 얻었다. 그 연료로 움직이기 시작했다. 내 길이라는 엔진을 멋지게 돌리기 시작했다. 그 움직임은 조금씩 나를 나다움으로, 나다움의 길

로 이끌었다. 그렇게 내가 처음 느꼈던 내 안에 내가 없다는
불안감이 서서히 멀어지고 있었다.

창문 유리에 거울 달기

지금까지 나는 불안감과 처음 마주한 순간부터 변화하기 시작한 직후까지의 이야기를 고백하듯 풀어썼다. 이다음에는 그 후로 내 삶과 생각이, 내 길이 어떻게 바뀌고 만들어왔는지 이야기하려 한다.

하지만 나와 함께 내 이야기 속으로 여행을 떠나준 여러분들에게 스쳐가듯 내 삶의 풍경들을 보여주기보다는 잠시 멈춰서 그때 풍경에서 내가 느낀 내 주관을 정리하여 설명하는 것도 필요하다는 생각이 들었다. 지금 가고 있는 여행지는 내 풍경이니까, 그래서 내가 가장 잘 알 테니까, 그래서 여행 중 종종 잠시 쉬어가는 쉼터를 만들어 여러분께 보여주고자 한다.

불안감의 시작에서 내가 가장 처음 했던 것은 '거울 달기'였다. 여태껏 창문을 통해 세상을 보느라, 창밖 너머에 있는 세상만 보느라 나 자신을 외면하고 있었다는 걸 깨달았다. 더군다나 그 유리는 내가 그 세상 밖으로 나아가려고 할 때 나아가지 못하게 만드는 벽으로도 작용했다.

그때 가장 먼저 봐야 하는 것은 세상이 아니라 나 자신이라는 것을 깨달았다. 자신을 마주할 때, 그래서 자신의 눈에 비친 세상을 마주할 수 있을 때 진짜 내 세상이 열린다는 것을 깨달았다. 그래서 바라보고 있는 창문에 나는 거울을 달았다.

나를 마주했고 내가 어떤 사람인지 솔직히 받아들였다. 내가 보이기 시작하자 나를 꾸미고 싶다는 생각이 들었다. 좀 더 멋지게 만들고 싶었고, 좀더 괜찮게 보이길 원했다. 그런 과정에서 해야 할 것과 지키고 싶은 모습이 생겨났다. 그걸 하다 보니 타자만이 존재했던 내 저울에 나 자신이라는 추가 생겼다. 그 추에 무게가 더해질수록 균형이 맞아가는 느낌이 들었고 그 느낌은 지우개가 되어 불안감을 조금씩 지워나갔다.

여러분 중 그때의 나와 같은 불안감과 마주하고 있고, 그래서 그 불안감을 떨쳐내고 싶은 사람이 있다면 여기까지의 내 이야기에서 그나마 주워 쓸 만한 재료가 있을 거라 생각한다.

- 자신을 받아들일 것.
- 그런 자신이 무엇이 되고 싶은지 방향을 정할 것.
- 그 방향으로 가기 위한 방법을 구상할 것.
- 이후 펼쳐지는 일상의 수많은 사건에 그 방법을 적용시킬 계기를 발견할 것.
- 그 계기 속에서 의지를 통해 작든 크든 사소하든 성과를 만들 것.

이후의 이야기는 달라짐에 대한 이야기다. 이 사건 이후로 겪은 또 다른 여러 가지 사건들로 내 삶은 180도 달라지기 시작한다. 그런 일들은 나를 좀더 나답게 만들었고, 내가 목표로 하는 모습에 가까이 다가갈 수 있게 해주었다.

Chapter 3

두려워도 달라져야한다,
그것이 존재다

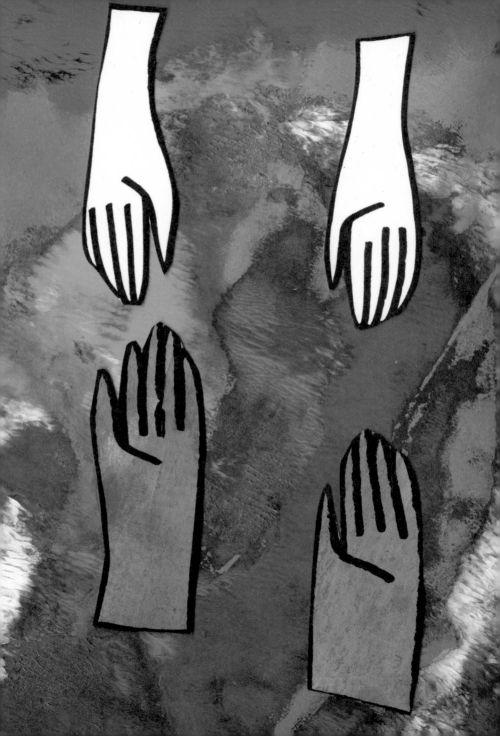

─────────

달라졌다 모든 것이.
나답게 행동하기 시작했다.
나를 위해 탐구하기 시작했다.
나를 위해 걸어가기 시작했다.
그렇게 달라졌다.
달라졌기에,
처음으로 세상의 시선을
마주했을 때
그 다름에 나는
또 한 번 불안해졌다.

─────────

남을 좇던 눈이 나를 향할 때

의사가 되는 것이 당연했고, 내가 그걸 원한다고 생각했어요. 그런데 노력할수록 성취감이 아니라 불안감만 커졌어요. 즐겁지가 않았던 거죠. 즐겁지 않은 이 길이 내 길일까라는 고민이 들 때 인도로 여행을 갔어요. 길가의 현인에게 적선을 했는데 그 현인이 제 눈을 보며 대뜸, 나보다 훨씬 많은 것을 가진 당신의 눈은 왜 죽어가냐, 너는 대체 그 눈으로 살아감을 보고 있냐 아니면 죽어감을 방관하고 있느냐고 꾸짖었어요. 그제야 깨달았어요. 나는 부모의 눈으로 세상을 보고 있었다는 것을요. 나는 내 인생을 다른 이의 욕망으로 채워가고 있었다는 것을요. 그래서 나는 하루하루 살아가고 있는 것이 아니라 죽어가고 있다는 것을요. 그때부터 나를 봤어요. 그랬더니 내가 하고 싶은 것이 거짓말처럼 보였어요. 정확하게 말하자면 원래 거기에 있었던 것을 그제야 본 거죠. 그때부터 내 삶이 바뀌기 시작했어요. 자신해요. 지금은, 나는 살아가고 있다고. 죽어가고 있는 것이 아니라고.

_ 의대를 그만두고 타투이스트로 살아가는 영국인 존(John)과의 대화 내용

'선택적 지각' 혹은 '무주의 맹시'라는 용어가 있다. 사람은 자각하고 있는 것만을 보거나 혹은 생각이 다른 곳에 있으면 실제로 보고 있는 것을 인지하지 못한다는 심리학 용어다. 결국 사람은 보고 싶은 것만 본다는 뜻이다.

삶은 항상 많은 것들이 뒤섞인 채 흘러가게 된다. 자신의 삶, 관계 맺은 타자의 삶, 자신의 욕망에서 타자의 욕망까지 수많은 삶과 감정들이 혼재되어 하루하루를 살아가게 된다. 그 모든 것들을 모두 인식하며 살 순 없기에 우리는 선택을 하게 되고 선택한 것에 초점을 맞추며 살아가게 된다. 달

두려워도 달라져야 한다,

리 말하면, 어제와 오늘을 같은 풍경 속에 살아도, 어떤 관점으로 보느냐에 따라 다른 것을 볼 수 있다는 것이다. 그래서 톨스토이는 인생은 발명하는 것이 아니라 발견하는 것이라고 이야기했나 보다. 자아는 항상 그 자리에 있었다. 다만 발견하지 못했을 뿐이다.

공모전에서 처음으로 상을 받은 후 내 삶이 조금씩 변하기 시작했다. 앞으로 할 수많은 이야기를 한마디로 정의하자면 '다른 이만 좇던 눈이 이제야 나를 향하기 시작했다' 정도가 될 것이다. 내 삶에서 드디어 나를 보기 시작한 것이다. 타인의 욕망을 바라보던 내가, 타자의 삶을 따라 하던 내가 내 욕망과 내 사람을 바라보기 시작한 것이다. 그 중심에 광고가 있었다. 그전까지는 광고를 내 눈으로 바라본 적이 없었다. 전공을 광고로 선택했을 때에도, 4년이란 시간을 광고과에서 보낼 때에도, 도서관에 앉아 먹어 치우듯 광고 관련 책을 읽을 때에도 나는 광고에 크게 관심이 있지는 않았다. 여자가 많은 과를 선택했을 뿐이고, 내게 굴욕감을 준 사람을 이기기 위해 읽었을 뿐이다.

하지만 수상을 기점으로 광고가 좋아졌다. 광고의 이야기가 나와 맞닿아 있다는 생각이 들었다. 광고에서 내가 보였고, 광고를 하고 있는 나를 보았다. 그걸 보고 나니 이젠 그 분야를 더 알고 싶어졌고 더 잘하고 싶어졌다.

수업도 잘 듣지 않던 내가, 듣더라도 늘 지겨워하며 끝날 시간만을 기다리던 내가 처음으로 더 많이 알고 싶다는 생각으로 수업을 듣기 시작했다. 그것으로도 모자라 광고 관련 강연를 찾아서 듣기 시작했다.

광고라는 분야가 학창 시절 했던 컴퓨터 게임 같은 존재로 다가온 것이다. 학창 시절 나도 다른 학생들처럼 컴퓨터 게임을 좋아했는데 특히 내가 좋아하는 분야는 RPG였다. RPG 게임은 다른 액션 게임과는 달리 내가 선택한 행동에 따라 다양한 상황들이 연출되기 때문에 게임에서 완벽하게 이기기 위해서는 공략집이 필수였다. 그래서 스스로 돈을 모아 공략집을 사고 공부를 해가며 게임을 클리어했다. 그때 공략집을 공부하는 것이 무척 즐거웠다. 공략집이란 단순히 내가 외워야 될 대상이 아니라 내가 하고 싶은 것을 하기 위한 도구였기 때문이다. 광고가 내게 그렇게 다가왔다.

다행히 그전까지 노력했던 밑천이 있어(한 분야에 200권이

두려워도 달라져야 한다.

넘는 책을 읽게 되면 그 분야가 극히 어렵지 않고서는 기본적인 능력을 쌓을 수 있다) 나는 연전연승을 하고 있었다. 공모전에 참가하는 족족 상을 받았다. 그렇게 1년이 안 되는 시간 동안 거의 두 자리에 가까운 수상 경력이 쌓였다.

상을 받을수록 내 관심은 점차 수상이 아니라 광고 그 자체로 옮겨갔다. 처음 한두 번은 자신감으로, 그다음은 요령으로 상을 받았다면 그 수상 경력이 쌓일수록 '광고' 자체에 관심이 생기기 시작했다. 좋은 광고를 만들고 싶었다. 훌륭한 기획서를 쓰고 싶었다.

광고 기획서를 쓸수록 좋은 광고 기획이란 한 편의 좋은 글이란 생각이 들었다. 기획이란 결국 누군가를 설득시키기 위함이고 설득의 시작은 논리적인 근거보다는 공감에서 시작한다고 믿었기 때문이다. 좋은 광고는 좋은 글에서 나온다고 믿어 복수 전공으로 문예창작학과를 선택했다.

문예창작학과를 선택하고 나서 예상치 못한 난관에 부딪쳤다. 교수님과 부모님이 모두 반대하셨다. 반대의 이유는 간단했다. 취업에 전혀 도움이 되지 않는다는 것이었다. 당시 내가 기억하기론 광고홍보학과 전공자 중 문예창작학을 복수 전공하는 사람은 없었다. 광고 쪽이 워낙 취업이 힘들다 보니 대부분 경영학과를 복수 전공으로 선택했다.

모두가 안 된다는 말에 당연히 잠시 고민을 하긴 했다. 하지만 당장 내가 하고 싶은 건 좋은 광고를 만드는 것이었고 그러기 위해선 경영학적 지식보다는 좋은 글을 쓰는 것이라고 생각했다. 한참의 고민 끝에 문예창작학을 복수 전공하겠다고 교수님에게 말씀드리고 나서 그런 생각을 했었다.

아, 이제 나는 휘둘리지 않는구나. 내가 하고 싶은 걸 할 힘이 생겼구나.

문예창작학에서 배운 글쓰기는 확실히 광고 기획서를 만드는 데 도움이 되었다. 그전까지는 기획서를 하나의 구조물로 다뤘다면 이후에는 하나의 이야기로 다루기 시작했다. 그전까진 기획서에는 특정 부분에 특정 내용이 반드시 들어가야 한다는 고정관념이 있었다. 반드시 상황을 분석하고 논리적인 근거와 이론이 뒷받침되어야 한다고 생각했다. 하지만 글을 배우고 나서는 점차 어느 부분에서 공감을 할까, 어떤 부분에서 좀더 흥미를 느끼며 다음 장을 기대하게 만들수 있을까 등을 고민하게 되었다. 그런 고민이 들어가니 상

두려워도 달라져야 한다,

을 받는 데도 가속도가 붙었다.

문예창작학은 내게 깊이도 선물해줬다. 광고홍보학이 현상을 분석한다면 문예창작학은 현상에 자신을 투여하는 학문이었다. 광고홍보학이 미래를 예측한다면 문예창작학은 과거를 성찰하는 학문이었다. 모든 것은 깊이와 관련이 있었다. 이런 배움은 광고 기획을 좀더 깊이 있게 바라볼 수 있게 해주었다.

그러다 보니 전에는 보지 못했던 것이 보이기 시작했다. 광고의 최종 지향점인 사람이 보이기 시작한 것이다. 모든 광고는 결국 사람을 위해 존재하며, 광고에 담겨 있는 모든 이야기는 결국 '사람' 그 자체라는 생각이 들었다. 지금까지 내가 쓴 기획서를 돌아보기 시작했다. 내가 사람을 이해하고 있었나, 내 기획서에 사람이 있었나를 돌아보기 시작했다.

예전 기획서에는 사람이 없던 적도 있었다. 나는 기획에 있어 가장 중요하다고 깨달았던 사람에 대한 고민이 없었던 것이다. 어떻게 멋진 말을 지어낼까를 생각했지, 사람이 얼마나 멋진지에 대한 고민이 없었다. 그때부터 문예창작학을 전공하며 심리학을 부전공으로 듣기 시작했다. 남들의 눈엔

3개의 전공을 동시에 듣는 이상한 사람이었겠지만 내 눈에는 3개의 전공이 모두 하나로 이어졌다. 좋은 광고를 만들고 싶다는 그 하나.

어떻게 하면 효과적으로 대리 출석을 할 수 있을까, 어떻게 하면 일주일에 이틀만 학교를 갈 수 있을까를 고민하던 내가 학교 안에서 내가 원하는 지식을 찾아 스스로의 길을 만들고 있었던 것이다.

똥을 보며 누군가는 코를 막고 자리를 피하지만 누군가는 기름진 땅을 상상하며 농사를 준비한다. 같은 시간, 같은 수업, 같은 위치…. 달라진 것은 없었다. 하지만 그 시간을 활용하는 내 모습이, 그 수업을 선택하는 내 의지가, 그 위치에 할 수 있는 일을 고민하는 나 자신이 달라졌다. 이미 있었던 모든 것을 나란 렌즈를 통해 새롭게 발견한 것이다.

두려워도 달라져야 한다,

나를 향한 눈이 거리감을 만들 때

남들이 미쳤다고 이야기를 해요. 서울대 졸업을 한 학기 남겨두고 다시 수능을 보고 교대에 들어간다는 내 결심을 들으면. 교대에 들어가는 순간 서울대 졸업장은 아무런 쓸모가 없거든요. 다시 처음부터 시작하는 건데 그 귀한 시간과 졸업장을 날릴 생각을 하다니 제정신이 아니라고 이야기하죠.

_ 교대 진학을 결심한 서울대 졸업반 H양과의 술자리에서 나눈 대화

주변을 둘러보면 나만 동떨어진 것 같아요. 주변 선배나

친구들은 모두 취업을 준비하고 있거든요. 한국에선 아직 인지도 안 된 분야를 공부하기 위해 기어이 미국까지 가야 겠느냐는 말도 하고, 그걸 공부해봐야 결국 지금 내 학벌과 내 전공으로 벌 수 있는 돈보다 훨씬 적게 버는 일을 하게 될 게 뻔하니까 손해 보는 짓 한다는 이야기를 하죠.

_ 이상한 학문을 배우겠다는 S대 졸업생 K군. 웃긴 건 이 둘이 커플이라는 것.

　　인생은 가까이에서 보면 참으로 다양하지만 멀리서 보면 한 줄의 선이라는 생각은 하곤 한다. 사실 대부분은 큰 테두리 안에서 일정한 방향과 속도로 움직이고 있는 것이다.

　　대부분의 사람들은 일정한 평행선을 이루며 나아가는 것일지도 모른다. 여러 평행선 가운데 한 선이 1도만 벗어나도 조금 지나고 나면 두 선의 사이에는 꽤나 큰 거리감이 생긴다. 나답다는 것, 나답기 위해 노력한다는 것은 남들과 함께 유지해야 될 평행선의 각도를 수정하는 일이다. 각기 다른 사람의 길이 완벽하게 같은 각도일 리 없다. 그러다 보면 달라진 각도로 무엇인가를 느끼게 되는 순간이 있다.

　　그 1도로 남들의 가는 선과는 너무나 멀어진 그 거리

　　　　　　　　　두려워도 달라져야 한다.

감을 느끼게 되는 그런 순간이.

내게도 그런 순간이 찾아왔다. 열심히 내 길을 걷다 보니 남들과는 많이 떨어진 곳을 걷고 있는 나 자신을 발견한 그런 순간이 말이다.

늦은 나이에 이 모든 것들을 시작하다 보니 금세 4학년이 되었다. 남들은 취업 준비를 하는 4학년이 됐지만 나는 여전히 공모전에 매달렸다. 아직 만족할 만큼의 성과를 내지 못했다고 생각했고 하면 할수록 광고라는 분야가 더욱 할 것이 많은 분야라고 느껴졌기 때문이다.

공모전에서 상을 받는 횟수가 늘수록 나는 학벌이 만든 사회적 시선을 경험했다. 상을 받을 때마다 대회에 참가한 타 대학교 학생들 한두 팀 혹은 심사위원 한두 명은 시상식이 끝나고 나를 찾아왔다. 대부분의 이야기는 파워포인트가 굉장히 인상적이었다거나 프레젠테이션을 무척 잘한다는 칭찬이었다. 그런 칭찬들은 항상 반갑고 고마웠지만 문제는 그 뒤에 으레 나오는 질문은 그리 유쾌하지 않았다.

"어느 대학을 다니죠?"

계명대학교에 다닌다고 대답하면 항상은 아니지만 꽤나

많은 비율로 이상한 시선을 느껴야 했다. '그런 대학이 있었나?'라는 시선 혹은 '그런 대학교에서 잘도 만들었네'라는 시선.

분명히 말하지만 나는 단 한 번도 학벌에 대해 스트레스를 받은 적이 없다. 계명대학교를 다니던 그때에도 그리고 졸업한 지금도 여전히 좋아한다. 그런 내가 처음으로 우리 학교가 아닌, 대한민국 안에서 계명대학교가 가지는 평가에 대해 직간접적으로 인지하기 시작한 것이다.

가장 기억에 남는 것은 장관상을 주는 어떤 대회에서 1등을 했을 때 들은 말이다. 심사위원 중 한 명이 대회가 끝나고 나에게 와 명함을 건넸다. 광고계로 취업할 때 꼭 연락하라며 프레젠테이션이 인상적이었다고 칭찬을 해주었다. 그리곤 물었다.

"그런데 자네 대학교가 어디인가?"

"계명대학교에 다니고 있습니다."

"… 그래? 음…. 대단하군, 계명대학교임에도 불구하고 이렇게 수준이 높다니, 대단하군."

순간 상을 받은 즐거움이나 기쁨이 싹 날아갔다. 계명대학

두려워도 달라져야 한다,

교임에도 불구하고라니. 대회가 끝나고 대구로 돌아오는 기차 안에서 팀원들은 새벽부터 준비한 대회로 곤잠이 들었으나 나는 잠이 들지 못했다. 많은 생각들이 나를 괴롭혔고, 이런 평가들을 받는 상황이 원망스러웠다.

예전에 읽었던 헤밍웨이 소설의 한 구절이 떠올랐다. 억울함이 있으면 해결을 해야 한다. 문제가 있다면 고쳐야 한다. 만약 고치지 못한다면 적어도 침묵은 하지 말아야 한다. 최소한 고치려는 노력은 해야 한다. 그 노력이 쌓이면 내가 아니더라도 다음의 내가 결국은 그 문제를 고칠 것이다. 내게 필요한 행동도 그가 말했던 그런 행동들이 아닐까 하는 생각이 들었다.

무엇을 고칠 것인가, 어떻게 고칠 것인가. 이런 수많은 자문 끝에 나는 그런 결론을 내렸다. 우리 대학교가 적어도 광고 홍보 쪽으로는 많은 대회에 나가서 능력을 인정받으면 되지 않을까? 그렇게 노력해서 많은 상을 받다 보면 사람들이 최소한 계명대학교는 다른 건 몰라도 광고 하나는 참 열심히 하고 또 잘한다는 이야기를 듣게 되진 않을까? 그런 말들이 쌓이고 쌓이다 보면 언젠가는 모든 분야에 열심히 하고 잘하는 대학교라는 평가를 받는 일에 초석이 될 수 있진 않을까? 이건 내가 할 수 있는 일이고, 분명 지금 내가 생각하는 이 문제를 해결하는 데 도움이 되지는 않을까?

그때였다. 문득 그런 생각을 하고 있는 내 자신에게 알 수 없는 거리감이 느껴졌다. 대학교 4학년이, 이제 더 하지 말라는 이야기를 듣는 공모전이란 작업을 하며, 내 몸 하나 제대로 건사하지 못하는 취준생이 다른 사람을 위한, 학교를 위한 동아리 모임을 만든다?

기차의 창문에 비친 내가 나에게 이런 말을 하는 것 같았다.

"지금, 어디까지 갈려고 이러나?"

두려워도 달라져야 한다.

걸어가는 건지, 튕겨지는 건지

나라고 왜 아깝지 않겠어요. 내 인생인데 내가 제일 고민하죠. 그리고 순간의 착각으로 너무 많은 것을 잃는 건 아닌지 불안한 것도 사실이에요.

_ 서울대를 포기하고 교대에 진학하려는 H양과 이어지는 대화 속에서

당연히 저도 안락한 삶이나 풍족한 삶을 바라죠. 제가 무슨 성인군자도 아니고, 세상을 바꿀 철학자도 아니고요. 그래서 결심하기 전이나 결심한 후나 여전히 고민이 많아요. 무엇보다 결심하고 부모님께 말씀드리고 나니 이젠 되돌릴

수 없다는 생각에 과연 이 행동이 맞는 건지 불안한 것도 사실이에요.

_ 이상한 학문을 배우겠다는 K군과의 이어지는 대화 속에서

쇼펜하우어는 인간관계를 고슴도치 2마리로 비유하곤 했다. 고슴도치 2마리를 한곳에 놔두면 처음에는 추워서 서로 붙으려 한다. 그러나 이내 서로의 가시에 찔려 괴로워하게 되고 거리를 두게 된다. 하지만 너무 멀어지면 체온을 느낄 수 없어 추위에 떨게 된다. 그렇게 다시 가까워졌다 멀어졌다를 반복하며 마침내 일정한 거리를 유지하는 방법을 알아간다.

전혀 다른 주제지만 나는 자신을 찾아가는 과정도 이와 비슷하다고 생각한다. 남과 똑같이 사는 자신을 발견하면 자기가 없음에 불안해한다. 자신을 찾기 위해 자기 길을 걷다 보면 어느새 남과 너무나 떨어진 자기의 현재 위치에 불안해한다.

그때의 내가 그랬다. 광고를 위해 선택했다지만 마음 한켠에는 취업에는 경영학이 더 도움이 될 거라는 생각을 했다. 공모전이 좋아서 시작했지만 공모전을 준비하느라 다른

두려워도 달라져야 한다.

것을 못하고 있는 것도 사실이다.

이력서에 적을 수 있는 공모전 수상 경력은 많아 봐야 6번 정도지만 그때 내 수상 경력은 20번를 넘기고 있었다. 나머지 것들은 적을 곳도 없는 잉여 이력이 되고 있었다. 남들 다 공부하는 토익은 시작하지도 않았고, 남들 다 대학 시절을 정리하는 그제야 나는 진짜 대학 생활을 시작하고 있었다.

그런 내가 거기에 한술 더 떠서 동아리를 만들겠다니! 애들을 가르쳐 상을 받게 만들겠다? 그렇게 해서 대학교의 인식을 그 안에 다니는 2만 명 중 1명에 불과한 내가 바꿔보겠다? 누가 들으면 정말 어이가 없어 할 이야기들임이 분명했다.

무엇보다 사업할 것도 아니고, 금수저를 물고 태어난 것도 아닌 내가 결국은 돈을 벌기 위해 직장을 구하고 사회에 소속되어 살아가야 할 텐데 그들이 원하는 준비는 하나도 하지 않은 채 하고 싶은 걸 무작정 하는 것이 맞는지 의심이 들었다. 그렇게 해서 과연 시간이 지나고 난 뒤에 냉정한 사회의 평가 앞에 서게 되었을 때 당당할 수 있을까란 생각도 들었다.

사실은 남들보다 뒤쳐진 건데 남과 다른 길을 걷는다

고 착각하고 있는 것은 아닐까? 무엇보다 너무 멀리 와 버린 것 같은 불안감이 느껴졌다.

간사하다는 생각이 들었다. 남들과 똑같이 살 때는 그것 때문에 불안해하더니 나만의 길을 정하고 그 길을 걷다 보니 이번엔 남들과 다름에 불안해하다니 말이다.

그렇게 돌아오는 기차 안에서 시작된 불안감이 나를 괴롭혔다. 이제는 없어졌을 것이라 생각했는데, 전혀 다른 상황에서 전혀 다른 형태의 불안감이 시작된 것이다.

두려워도 달라져야 한다.

돌아가도 지옥이라면 차라리 앞으로 걷자

그래도 결심을 바꾸지 않는 것은 용기가 있어서가 아니라 지금 이걸 포기하고 다시 돌아갔을 때 느낄 상실감이 죽기보다 싫어서예요. 정말 대학교를 다닐 땐 매일 불행했거든요. 분명히 내 길이 아닌데 억지로 걷는 기분이랄까, 하루하루를 상실감으로 보냈던 것 같아요. 그때 느꼈던 내 인생의 불안감을 절대로 다시 느끼긴 싫어요.

_ 서울대를 포기하고 교대에 진학하겠다는 H양과 마지막 대화

그런 순간이 있어요. 당연히 뒷걸음쳐야 하는 순간, 지금

뒷걸음쳐도 남들이 탓하지 않을 그런 순간 말이죠. 곰이 다섯 걸음 앞까지 다가왔을 때, 용암에 너무 가까이 가 운동화 고무가 타는 냄새가 날 때, 더 깊이 들어가면 정말 나오지 못하고 익사하겠구나 싶은 느낌이 들 때처럼 뒷걸음쳐야 된다고 외치는 순간이 있죠. 근데 그런 생각을 해요. 그때 만약 뒷걸음친다면 누군가에게 나를 소개할 때 나는 더 이상 사진작가라고 소개하지는 못할 것 같아요. 회사에서 월급을 받는 월급쟁이지, 더 이상 작가라 말할 순 없겠다는 생각이 들죠. 그 생각으로 물러서는 대신 숨을 더 참고, 한 걸음을 내딛습니다.

_ 여행지에서 만난 〈내셔널 지오그래픽〉 사진작가 토미(Tomy)와 나눈 대화

내가 가장 싫어하는 말 중 하나는 자살을 선택한 사람들에게 죽을 용기로 살라고 다그치는 말들이다. 스스로 죽음을 선택하는 사람들은 용기가 있어서가 아니라 살아갈 자신이 없어서라고 생각하기 때문이다. 때때로 어떠한 일을 해내는 힘은 걸어가고자 하는 의지가 아니라 뒷걸음치는 것에 대한 두려움인 경우도 있는 법이다.

두려워도 달라져야 한다.

그때의 내가 그랬다. 너무 동떨어져 있진 않은가 하는 불안감을 지우고 다시 걷게 된 계기는 그렇게 해야 행복할 것이란 확신이 아니었다. 그런 확신이 있어 그 길을 당당히 걸어왔다면 참 멋지고 영웅처럼 보였겠지만 아쉽게도 나는 그러질 못했다. 돌아보면 별것 아닐지도 모를 일이었다. 그저 동아리 하나 만드는 것에 이런 불안감을 느끼는 것이 오히려 이상할 수도 있었다. 하지만 동아리를 만드는 것은 시작에 불과했다. 그 일이 계기가 되어 지금까지 죽 걸어왔던 내 길에 대한 '남과 다름'이 보이기 시작한 것이다.

세상의 눈에 비칠, 아직 준비되지 않은, 준비하려고도 하지 않은, 그 모습을 나도 마주하게 된 것이다. 감정은 수학이나 논리와는 달라서 아무 이유 없이 찾아오기도, 뜬금없이 증폭되기도 한다. 그때의 내가 그랬다. 문득 찾아온 불안감이 증폭되고 있었다.

집으로 돌아와서 한동안 그 불안감에 시달렸다. 공모전이 손에 잡히지 않았고, 광고가 눈에 들어오지 않았다. 유난히 누가 취업을 했네, 누군 토익이 몇 점이네 하는 이야기가 들리기 시작했고, 아직 취업을 못해 매일 토익과 씨름하고 있는 형의 모습에 조급함이 들기도 했다.

그러던 내가 지금까지 받은 상장들을 정리해봤다. 특별한 이유가 있었던 것은 아니었다. 청소 좀 하라는 어머니의 잔소리에 방을 치우다 내가 받은 상장들이 여기 저기 뒹굴고 있어 별 생각 없이 정리를 했던 것이다.

상장을 정리하다 내가 받은 상장들을 바닥에 나란히 내려놓아보았다. 방바닥의 제법 많은 공간들이 상장으로 채워졌다. 물끄러미 상장을 바라보다 가장 처음 받았던 상장이 눈에 들어왔다. 그리고 그 상장을 받았던 그 시절이 눈에 들어왔다.

그러다 이런 생각이 들었다. 저 상장을 받기 전으로 돌아간다면, 아니 한 3개 정도 받았던 시절로 돌아가서 공모전을 더 이상 준비하지 않고 차근차근 취업 준비를 했다면 남들다 하는 그런 노력을 그때부터 했다면 어떻게 됐을까?

그때 깨달았다. 만약 그랬다면 나는 아직도 무엇을 좋아하고 어떻게 살지를 정하지 못했을 것임을. 만약 그렇게 취업 준비를 했다면 지금보다 취업에 유리한 스펙은 만들었겠지만 여전히 나를 찾지 못해 불안해하고 있었을 것임. 가장

두려워도 달라져야 한다.

처음에 느꼈던 그 불안감, 내 인생에 내가 없음을 느꼈을 때의 그 불안감이 아직도 나를 괴롭히고 있었을 것이란 생각이 들었다.

그 불안감이 족쇄가 되어 조금도 나아가지 못했을 것이라고.

정신이 번쩍 들었다. 불안했던 그 시절로 다시 돌아가는 건 생각하기도 싫을 만큼 끔찍했다. 신기하게도 이런 생각이 들자 모든 것이 정리되었다.

지금 나는 조금 멀어져 있을지도 모른다. 이 길이 맞는 길이라고 생각하기엔 나는 아직 세상을 모르는 것도 사실이다. 어쩌면 수능을 준비해야 할 시기에 술과 친구를 만났던 것처럼 어리석음의 반복일지도 모른다.

하지만 아직 내가 정한 길의 끝을 보지도 않았는데 다시 돌아가, 내가 원한다는 일이 아니라 다른 사람이 시키는 일을 하는 것은 다른 어떤 것과 비교해도 하기 싫은 일이다. 죽어도 그렇게는 못 살 것 같았다. 그러면 방법은 간단하지 않은가, 지금처럼 한번 해보자.

돌아가봐야 지옥이라면 차라리 앞으로 걸어가보자.

적어도 이 앞은 아직 모르는 거니까.

　뒷걸음치기 무서워 앞으로 간 것일지도 모른다. 문득 멀어져 있다는 불안감을 느꼈을 때 나는 선택을 단순화시켰다. 불행이 확실하게 보이는 방향과 아직 어떻게 될지 모르는 방향. 만약 이 두 방향 중 나다움을 찾을 수 있는 길이 있다면 그건 명백히 후자라고 생각했다.

　그렇게 다시 앞으로 걸어갈 것임을 다짐했다. 처음 나를 잃었을 때 느꼈던 불안감이 나를 나아가게 만들었듯, 다시 그 불안감을 느끼기 싫다는 마음이 두 번째 불안감을 죽여나갔다. 결국 나는 동아리를 만들었다.

　지금 돌이켜 생각해봐도 내가 대학 생활 중 가장 의미 있고 후회 없는 행동은 동아리를 만든 것이었다. 동아리를 만든 것 자체도 의미 있지만 그때의 경험이 이후에 겪는 다양한 상황들을 대처할 수 있는 믿음을 얻게 해주었기 때문이다. 나 자신을 잃어버리지 않을 확신이 들 때까진 내가 믿는 방향으로 걸어가자는 믿음. 그 한 가지.

두려워도 달라져야 한다.

올라가야 가속도를 얻을 수 있다

군대에 있던 시간까지 총 3년을 고민했어요. 결정한 후 여기까지 오는 덴 딱 1년이 걸렸어요. 인생에서 중요한 건 방향과 속도라고 생각해요. 속도가 나지 않는 건 열심히 하지 않아서가 아니라 방향을 정하지 못했기 때문인 것 같아요. 방향을 정하고 나면 속도는 거짓말처럼 알아서 붙더라고요. 좌우를 살피며 달릴 순 없잖아요. 앞만 보고 달릴 때 가장 빠른 것처럼 방향이 정해지면 거기만 보게 되고 그럼 속도는 자연스럽게 붙는 것 같아요.

_ 대학교를 그만두고 1년 만에 자기 가게를 차린 28세 H군과의 대화

나는 결정을 내리는 것을 등산에 비유하곤 한다. 무언가를 결정하는 과정은 산을 오르는 것과 같다. 심각한 고민일수록 산의 경사는 가파르다. 가파른 만큼 산을 오르는 데는 적지 않은 시간과 노력이 필요하다. 하지만 정상에 도달하고 나면 내리막길이 나오기 마련이다. 내리막길을 걸어가는 속도는 올라갔을 때와는 다르게 가속도가 붙어 빨라지게 된다. 대부분의 결정도 이와 비슷하다. 한번 결심을 하고 나면 그 결심에 가속도가 붙어 빠르게 나아가게 된다.

동아리를 만들기까지 나는 동아리를 만들까 말까가 아니라 지금 이 방향을 계속 걸어가야 할지 말지를 결정해야 했다. 그 결정에는 불안감들이 있었지만 나는 그 불안감을 극복하기 위해 나름의 결정을 했다.

그렇게 결심하고 동아리를 만들고 나니 이왕 하는 거 제대로 해봐야겠다는 생각이 들었다. 제대로 한다는 것은 결국 애초의 목적에 맞게끔 최대한 많은 사람들과 함께 최대한 많은 수상을 하는 것이라 생각했다.

수상을 하는 데는 2가지만 있으면 된다. 방식과 노력. 방식은 내가 알려줄 수 있었다. 워낙 주먹구구식으로 공모전을

두려워도 달라져야 한다.

준비하다 보니 그 안에서 유리한 방식을 스스로 깨우쳤고 제법 잘 통했다. 하지만 방식을 알아도 그 방식을 완전히 내 것으로 만드는 데에는 노력이 필요했다.

하루 4시간, 주말에는 도합 10시간 이상을 투여해야 되는 커리큘럼을 만들었다. 대부분의 사람들은 과정이 너무 빡빡해서 후배들이 따라오지 못할 것이라고 걱정했지만 다행히 이탈자는 없었다. 내 인덕이 훌륭해서가 아니라 그렇게 노력하면 수상이라는 달콤한 보상이 주어졌기 때문이다. 사람을 움직이게 만드는 것은 성과란 이름의 당근이라는 것을 알게 되었다.

그와 동시에 인프라에 대한 생각도 하게 되었다. 동아리를 만들기 전부터 나는 늘 공모전을 준비하는 데 필요한 인프라가 학교에 부족하다는 생각을 했다. 특히 공모전을 준비할 수 있는 스터디 공간은 전무했다.

당시 우리 학교는 1년에 한 번 총장님과 점심식사를 하는 행사가 있었다. 지난 1년 동안 학교의 이름을 높인 학생들과 총장님이 함께 점심을 먹는 것이다. 그때 나는 학교에 바라는 것이 있냐는 총장님의 말씀에 공모전을 준비할 공간이 필요하다고 건의한 적이 있었다. 그때는 건의로 끝이 났다.

하지만 상황이 달라졌다. 이젠 나만이 아니라 동아리 구성원 모두가 준비해야 했고, 교육도 병행해야 했기에 카페나 PC방을 메뚜기처럼 전전하기엔 무리가 있었다. 동아리 방을 얻는 방법도 있었지만 나는 우리 동아리 사람이 아니어도 공모전에 관심이 있는 사람이라면 누구나 편하게 이용할 수 있는 공간이 있다면 훨씬 도움이 될 것이라 생각했다.

그래서 행정처 교직원 선생님, 사회대 학생회장, 총동아리 회장, 그리고 총학생회 회장까지, 찾아갈 수 있는 사람은 모두 찾아가 봤다. 모두가 내가 말한 취지에는 공감을 했으나 돌아오는 대답은 한결같았다.

"학교에 그만한 공간이 없으며 그건 내 권한이 아니다."

공간은 있다고 확신했다. 비어 있는 공간이 학교 안에는 꽤나 있었다. 그럼 권한의 문제였다. 누가 그 권한을 가지고 있을까? 총장님이었다. 그럼 총장님을 만나서 이야기해야겠다고 생각했다. 그러나 총장님을 만나는 것이 생각보다 쉽지 않았다.

당시 나는 늘 선글라스 같은 패션 안경을 쓰고, 수염이 덥

두려워도 달라져야 한다,

수룩했다. 옷차림도 내 기준엔 예쁘지만 남들 눈에는 한량 같은 옷들만 입고 다녔다. 총장실에 찾아가 총장님을 만나고 싶다고 이야기했을 때 비서실장이란 사람의 표정이 아직까지 생생하게 기억난다.

취지를 말하고 꼭 만나 뵈어야 한다고 몇 번을 이야기한 끝에 당장은 무리고 일정 조율을 해야 되니 몇 개월은 기다려야 한다는 답변을 들었다. 나에게 필요한 건 미래의 가능성이 아니라 바로 지금 실행할 수 있는 행동이었다. 기다릴 수 없었다. 어떤 방법이 있을까를 고민하던 차에, 그 전에 일면식이 있었던 학생처장님이 생각났다.

늘 학생을 배려해주시던 그 모습에 마지막 희망을 걸어보자는 심정으로 처장님을 찾아갔다. 처장님은 내 이야기를 다 듣고선 바로 총장실에 연락해 약속을 잡겠다는 답을 주셨다. 그 도움으로 4일 뒤 총장님을 독대할 수 있었다. 몇 가지의 당부사항을 교육(?)받은 뒤 총장님을 독대했고 그 자리에서 총장님께 나는 이런 제안을 드렸다.

"공모전을 준비할 수 있는 공간을 만들어주십시오. 이 말을 모든 사람들에게 해봤지만 모두 권한이 없다고 합니다.

총장님은 권한이 있지 않으십니까? 학생들이 편하게 공모전을 준비할 수 있는 공간을 만들어주십시오. 만약 만들어주신다면 1년 안에 총 10번, 공모전 수상으로 계명대학교 이름을 알리겠습니다. 약속드립니다."

거짓말처럼 다음 날 바로 공사가 진행되어 2주 뒤 학생 식당으로 쓰는 건물 지하에 컴퓨터와 프린터 그리고 회의 공간이 있는 6개의 공모전 준비실이 만들어졌다.

그런데 이렇게 만들고 나니 예상 밖에 비판이 들렸다. 교직원 선생님에게는 분명 자기 선에서 안 된다고 말한 일을 왜 굳이 위에까지 올라가 이야기해서 밑으로 다시 내려오게 만들었느냐, 이 일을 처리하는 데 또 얼마나 많은 일이 늘어났는지 아느냐며 욕을 먹었고, 원래 그 자리에 예정되어 있던 학생 편의 시설이 공모전을 준비하는 소수의 사람(?)들을 위한 공간으로 낭비(?)되었다는 비판을 학생회에서 들었다.

솔직히 그런 비판에 크게 신경 쓰지 않았던 것 같다. 비판에 일일이 귀 기울이기에는 해야 할 일들이 너무 많았다. 모두를 배려하기엔 갈 길이 멀었다.

돌아가야 할지 계속 가야 할지에 대한 고민이 끝나고 나니

두려워도 달라져야 한다.

가속도가 붙었다. 공모전을 준비하는 시간이 아까울 수 있다고 생각했던 내가 전보다 몇 배의 시간을 공모전에 투여했고, 모두가 안 된다던 일도 어떻게든 될 수 있게 강행하게 되었다. 동아리를 만들면서 그리고 공모전 준비실을 만들면서 나는 숱한 반대에 부딪쳤다. 하지만 그 반대들이 내 결심이 만든 가속도를 늦추진 못했다. 오히려 이런 생각이 들었다.

내가 하려는 일이 남들이 하지 않는다는 이유로 그른 일이 되는 것은 아니다. 마찬가지로 다른 사람이 그르다고 말한다고 해서, 그 일을 하지 않는 것이 옳은 것도 아니다. 옳고 그름이 있는 것이 아니다. 내 생각이 있는 일, 다른 사람의 생각이 있는 일이 있을 뿐이다. 그러니 내가 필요하다고 생각되는 일이 있다면 해보자. 나에겐 그게 답이다.

그렇게 공모전 준비실을 만들었고 1년 동안 총 17번의 상을 받아 총장님과의 약속도 지켰다. 힘들게 산을 오르고 나니 내리막길이 펼쳐졌고 그 길을 걸어가는 발걸음도 빨라졌다.

차악 선택하기

중반쯤에 다다랐다. 잘 따라오고 있는지 걱정이 되진 않지만 요란하게 깔아놓은 이 길 위에서 자신의 길을 잘 발견하고 있는지는 걱정이 된다. 내 말이나 행동 또는 내 잘못이나 허세에서 여러분이 지금 안고 있는 불안함을 죽일 여러분만의 칼을 발견할 수 있길 바란다. 내게 길을 알려줬던 그 형님처럼 멋질 순 없더라도 분명히 찾을 수 있다고 확신한다.

돌아보면 매 순간이 선택의 연속이었다. 선택 앞에서 늘 강자였던 것은 아니다. 확신을 갖고 이것이 정답이라는 믿음으로 선택한 경우보다 망설이고 흔들렸으며 불안해하며 선택했던 순간이 더 많았던 것 같다.

처음으로 나의 길이란 걸 걸어가며 결과적으로 내가 선택한 것은 남들과는 조금 '다름'이었다. 그 다름이 나를 만든 것이기에 그 가치를 부정할 순 없지만 그로 인해 생긴 불안

두려워도 달라져야 한다.

감 역시 피할 순 없었다.

그래서였을까, 처음 세상과 조금 멀어진 나를 봤을 때, 무 엇인가를 선택해야 했고 그 선택에 확신은 없었다. 이 길이 맞다는 믿음보다는 저 길만은 가기 싫다는 느낌이 더 컸다.

예전에 이혼을 결심한 누군가가 술자리에서 이런 이야기 를 했다. 자신은 이혼이 최선의 선택이라고 생각하지는 않 는다며 결혼할 땐 행복해서 가슴이 두근거렸다면 지금은 다 른 의미로 두근거린다고 했다. 그럼에도 불구하고 이혼을 결심한 이유를 이렇게 표현했다.

"때론 최선이 아니라 최악을 피하는 선택을 해야 할 때도 있는 법이다."

그때의 내가 그랬다. 최선은 아니지만 최악을 피하기 위한 선택을, 그러니깐 차악을 고른 것이다. 다시 정처 없이 자신 을 잃고 불안해하는 그 과정이 나에겐 최악이었으니까, 그 것만은 피하고 싶어 다른 선택을 하고 그 의미를 포장하며 나를 위한 긍정으로 바꿨던 것 같다.

공모전 준비실을 만든 후 나로 인해 귀찮은 일들을 떠안게 된 누군가가 나에게 이런 이야길 했다. 넌 참 멋대로 산다고 사실 조금 더 심한 표현이었지만 최대한 순화해서 표현하니 이 표현이 가장 맞는 것 같다. 그 이후에도 종종 들었다. 회사를 그만둘 때에도, 거짓된 말은 강연에서 할 수 없다며 강연비를 받지 않겠다고 주최 측과 싸울 때에도 넌 참 멋대로 산다고들 말했다.

그때의 나는 그리고 지금의 나는 참 멋대로 살고 있다. 멋대로 사는 삶이 행복해서일 수도 있지만, 한편으로는 나에게 멋대로 산다고 말했던 그들의 삶이 내 눈에는 뭣같이 보였기 때문일지도 모르겠다. 뭣같이 사는 최악을 피하기 위해 나는 멋대로 살아가고 있다.

자기 길을 걸어가기 시작한 모든 사람들은 나와 같은 상황을 경험할지도 모른다. 그 길에서 당당히 자기 신념을 밀고 나갈 수 있는 나보다 나은 사람들도 있겠지만 나와 같은 고민을 한다면 나는 이 이야기를 전해주고 싶다. 타자의 세상과 자기의 세상이 부딪치는 순간 선택을 망설이게 된다면 최악을 생각해보라고.

그 선택의 기로에서 무엇을 결정할 때 본인이 뭣같이 살 것 같은지를 고민해보라고 말해주고 싶다. 가치관이나 성향

두려워도 달라져야 한다.

에 따라 그 답은 분명 다를 것이다. 하지만 최악을 피하고 차악을 선택하는 노력에서, 선택 이후의 본인의 행동에서 만들어질 것이다. 좀더 자기다운 자신이.

늘 당당하지 못해도 괜찮다. 늘 확신하지 못해도 괜찮다. 인생은 기니까. 당당해지는 과정이라면 확신을 할 수 있는 과정이라면, 그래도 괜찮다.

Chapter 4

어른아이여도
괜찮다,
행복하다면

끊임없이 걷게 되었다.
그리고
끊임없이 부정했었다.
또한
끊임없이 물어보았다.
이러다 어른아이로 남으면
정말 그렇게 될까 봐, 불안해서.

확신하는
두 번째 방법,
끝임없이
의심하기

내가 정말 여행을 좋아하는 걸까?
이게 진짜 내 길인가? 혹시 억지로 하고 있는데 걸어온 길이
아쉬워서 그냥 걸어가는 것은 아닌가를 의심할 때가 있어요.
그때가 한국으로 돌아갈 때예요. 돌아와선 정말 아무것도 하
지 않고 쉬면서 지내요. 길게는 1년을 그랬던 적도 있었어요.
그러면 그때서야 다시 깨닫게 되죠. 아 여행, 진짜 좋아했구
나라고. 그때 다시 떠나요. 신기한 건 그렇게 깨닫고 여행을
시작하면 전에 없던 새로운 걸 느낄 수 있다는 거예요.

_ 여행소설가를 꿈꾸는, 19개국의 여행가이드를 했다는 K군

의심하는 것은 나쁘지 않다. 정말 나쁜 것은 맹신하는 것이다. 맹신은 판단할 근거를 빼앗고, 가야 할 목적을 훔친다. 그러니 맹신할 바엔 의심하는 것이 낫다. 의심하면 돌아볼 수 있게 된다. 돌아보게 되면 적어도 둘 중 하나는 가질 수 있다. 잘못된 것을 고칠 수 있는 기회, 혹은 맞다고 자신 있게 말할 수 있는 확신, 이 둘 중 하나는 가질 수 있다.

_ 나미비아에서 만난, 스스로 거리의 현자라 말하던 앨리(Allie)

성공한 이의 이야기를 들으며 내가 대단하다고 느끼는 것은 자신의 길을 한 치의 의심도 없이 걸어왔다고 말하는 부분이다. 그들은 자신의 성공에 대하여 항상 자신의 길을 정하고 주위의 어떠한 상황에도 흔들리지 않으며 자신만의 길을 걸어왔다고 회고한다.

철강왕 카네기, 처칠, 나폴레옹, 그리고 현대에 성공한 수많은 기업가, 정치가, 영화배우 등이 그렇게 말했다. 그런 사람들의 이야기를 들을 때면 확실히 나는 성공하긴 글러먹은 성격이라는 생각도 든다. 그들과 다르게 나는 끊임없이 돌아봐야 했기 때문이다. 가끔은 길을 걸어가다 방금 걸은 그

어른아이여도 괜찮다,

길도 까먹어 다시 되새기곤 했었다.

　그런 순간이 생긴다. 열심히 나의 길을 걷고 있었는데, 갈림길에서 이정표를 잃은 여행자처럼 스스로를 돌아봐야 되는 순간들이 말이다.

　동아리를 만들고 적잖은 수상경력을 쌓고 있을 무렵이었다. 우리 과가 지난 10년 동안 수상한 이력보다 내가 만든 수상 경력이 더 많아진 상태였다. 그전까진 생각하지도 않았던 아니, 생각조차 할 수 없었던 한 가지의 의문이 나는 멈춰 세웠다.

　내가 하고 있는 이 일이 광고가 좋아서 하는 것인가?

　공모전 헌터라는 말을 일상처럼 듣기 시작했다. 공모전에서 수상할 때마다 통장의 잔고도 늘어갔다. 남들이 가장 가난하고 배고프다고 말하는 대학 시절이 나에겐 가장 유복한 기간이 되었다. 내 마음대로 먹고 써도 통장에는 늘 일정 금액 이상이 있었다. 통장 이름도 그래서 '마르지 않는 샘물'이라고 장난처럼 써놓았다. 모든 게 다 공모전 덕분이었다. 또한 그 때문에 길을 잃고 말았다.

　정말 광고가 좋아서 공모전을 하는 걸까, 상금 때문에

공모전을 하고 있는 걸까?

이 하나의 고민이 한동안 나를 괴롭혔다. 여전히 광고는 좋았다. 하지만 달라진 통장의 잔고만큼이나 내 열정의 방향이 변한 것은 아닐까란 생각이 들었다. 공모전을 검색하면서 1등 상금이 얼마인지를 고민하는 내 모습에서, 어떤 주제가 더 재미있을까보다 어떤 주제가 확실하게 상을 받을 수 있을까를 고민하는 나를 발견했다.

의지가 상황을 만들기도 하지만 의지로 만든 상황이 다시 그 의지를 변질시키기도 한다. 내가 그랬다. 나에게 물어봤다. 이렇게 계속 지금처럼 행동하는 것이 정말 맞는 것일까? 그렇다는 대답을 할 수 없었다. 아니었던 것이다. 아니라는 것을 확신하고 나는 잠깐 내 길 위에 멈춰 섰다. 그때의 멈춤이 나를 더 나답게 만들었다고 생각한다.

지난 시간 성장해오며 내가 배운 것 중 하나는 잘못된 것을 알았을 때는 언제든지 브레이크를 밟아야 한다는 것이다. 나는 아둔한 범인인지라 걸으면서 생각하지는 못했다. 걷다 보면 생각할 시간을 뺏기게 되고 그러다 보면 점점 내가 걸어야 할 길에서 멀어지게 되어 마지막엔 더욱 크게 돌

어른아이여도 괜찮다.

아감을 번번이 경험했다. 때문에 언제나 문제가 있다고 판단되면 그 자리에 멈춰서 해결책을 생각한 후 나아갔다. 멈춰서 생각을 정리한다.

- 나는 광고를 좋아한다.
- 공모전에서 수상을 하면 상금이나 상장 등 부차적인 것들이 종종 들어온다.
- 종종 부차적인 것들이 주인공이 되었다는 생각이 든다.

이렇게 정리하고 나니 해결책은 생각보다 간단했다. 주객전도인지 아닌지를 아는 가장 확실한 방법은 부차적인 것들을 빼보면 될 일이다. 아직 광고가 좋다면 아무 대가가 없이 광고를 해도 즐거울 것이고, 그렇지 않다면 광고를 좋아하는 마음이 변한 것이라는 생각이 들었다.

그냥 모든 부차적인 이익을 제외하고 순수하게 광고를 해보자.

아무런 이익 없이, 어떠한 주제도 없이, 그냥 순수하게 처음 생각했을 때처럼 내가 하고 싶은 이야기를 광고로 만들어보자. 멈춰 서서 내가 발견한 해결책은 이것이었다.

이 경험으로 전에 없던 내 안에 숨겨진 새로운 나를 발견할 수 있었다. 미처 몰랐던 내가 좋아하는 것들, 미처 깨닫지 못했던 나를 다시 발견하게 되었다.

그 이후로 나를 안다고 표현할 때 좀더 신중해지게 되었다. 만족하는 순간 발전도 멈춘다. 나를 다 안다고 판단하는 순간이 더 알 수 있는 기회를 놓치는 것이라는 생각이 들었다. 그 대신 끊임없이 의심하는 버릇이 생겼다. 어떤 일을 하더라도 지금 하고 있는 이 일이 내가 원하는 일이 맞는가, 맞다면 그 일을 하는 방식에 나다움이 있는가를 끊임없이 의심했다. 의심을 할 때마다 확신하기 위해 고민할 수밖에 없었고 그 고민은 언제나 좀더 좋은 방법이나 해결책으로 나를 이끌었다.

이 덕분에 대부분의 연사나 세상이 청춘들에게 길을 정했다면 고민하지 말고 나아가라고 이야기할 때 나는 반대로 말한다.

끊임없이 의심하라, 그렇게 쉬지 말고 계속 확신하라.

어른아이여도 괜찮다,

나를 안다는 말은 과거형이 될 수 없다

익숙하게 일하면, 익숙한 결과만 나옵니다. 그리고 앞으로 그런 일들은 대부분 기계가 담당하게 될 것입니다. 같은 일을 하더라도 언제나 그 일은 고민 끝에 이루어져야 합니다. 그럼 같은 일이라도 다르게 진행되고, 그 다름에서 인간이기 때문에 만들 수 있는 창의적인 가치가 만들어집니다.

_ 자세히 기억나지 않는 어느 외국 CEO의 신년사 중

제 별명이 로댕이에요. 늘 고민만 하다 끝낸다고 친구들이

지어준 별명이죠. 어떻게 보면 우유부단하다는 뜻이지만 저한테는 이게 맞는 것 같아요. 무턱대고 하다 보면 늘 끝나고 나서야 아, 그때 그렇게 할 걸이라고 후회를 하거든요. 고민을 충분히 하면 항상은 아니지만 그래도 최적의 방법을 발견하게 되고, 그렇게 만들다 보면 때론 생각치도 못했던 좋은 결과가 만들어지기도 하거든요.

_ 앱 디자이너 M군과 술자리에서 나눈 대화

　누군가 이야기했다. 고민은 결과라는 대리석을 깎는 망치라고. 그래서 얼마나 많은 고민을 하느냐에 따라 결과는 좀더 정교하고 아름답게 만들어진다고.
　나는 여기에 덧붙여 고민 끝에 만들어진 길에는 항상 생각지도 못했던 새로운 열매가 있다고 말한다. 특히 나를 알아가는 데 있어 다 안다며 자만하지 않고 끊임없이 고민을 하면 몰랐던 자신을 발견하게 된다.
　광고에 대한 내 마음을 확인하기 위해 순수하게 광고를 해보자고 결심했지만 내 선택지는 그리 많지 않았다. 대학생이 매체를 사서 광고를 한다는 건 생각할 수도 없는 일이었고,

어른아이여도 괜찮다,

클라이언트를 직접 찾아 전문적인 광고를 하는 것 역시 공모전을 준비하는 것처럼 다른 사람이 정한 주제에 맞춰 광고를 한다는 기존의 고민과 동일한 문제점을 가지고 있었다.

그러다 전단지가 생각났다. 전단지야 만드는 데 얼마 들지도 않고, 가장 최초의 광고 형태였다고 하니 나도 전단지를 만들어보자는 생각이 났다. 주제는 당연히 공익이 되었다. 가장 순수한 형태의 커뮤니케이션이 가능할 것 같은 주제였고, 무엇보다 누구도 이익을 보지 않는 동시에 모두의 이익을 추구할 수 있다는 점이 매력적이었다.

가장 처음 선택한 공익은 경마장 도박 관련 광고였다. 예전에 경마장 활성화 방안에 대한 공모전을 준비한 적이 있었는데, 경마는 레저 스포츠라는 콘셉트의 기획서를 만들어 기획서 부분 대상을 탄 적이 있었다. 시상식을 하기 위해 과천 경마장을 갔었고, 거기서 시상 후 주어지는 특전으로 VIP 룸에서 경마를 직접 체험할 수 있었다.

그때 내가 본 경마는 기획서에 썼던 내용과는 사뭇 달랐다. 경마를 보는 것 자체는 분명 굉장히 흥분되고 재미있었지만 경마장 안에는 나와는 너무나 다른 시각으로 경마를 보는 수많은 사람들이 있었다. 광기 어린 모습이라고 표현될 만큼 경마가 아닌 돈에 목숨을 걸고 경기를 보는 사람들, 한 경기가 끝날 때마다 여기저기서 터지는 차마 입에 담기 힘든 욕설들을 보고 들으며 경마 자체는 스포츠가 될 수 있어도, 경마를 하는 사람들에는 도박이라는 생각이 들었다.

마침 그때 사귀던 여자친구도 경마장에서 마권을 판매하는 아르바이트를 했었다. 아르바이트를 하며 경마장에서 돈을 잃은 사람이 얼마나 난폭한지, 그리고 경기 전에 서둘러 마권을 사기 위해 몰려드는 사람이 얼마나 광기 어린지를 늘 들었기에 내 인생의 첫 번째 광고로 경마장 도박 절제 광고를 하기로 했다.

그렇게 만들려고 보니, 나는 디자이너가 아니었고, 디자인에 소질도 없어 디자인적 요소로 광고를 만들기엔 역량이 부족했다. 나는 카피라이터에 가까운 기획자였다. 때문에 내가 하려는 광고도 핵심은 어떤 구성과 디자인이냐가 아니라 어떤 메시지냐가 될 수밖에 없었다.

경마장의 광고는 속담을 이용해보기로 했다. 경마장 공모전 기획서를 쓸 때 팀원들끼리 농담처럼 속담을 이용해서

어른아이여도 괜찮다.

경마를 표현했던 기억이 났기 때문이다. 당시에 거는 말이 고와야 오는 돈이 곱다, 고기도 썰어본 놈이 잘 먹고 말도 걸어본 놈이 잘 건다, 발 없는 말이 천리를 가듯 발 있는 말이 천 냥을 벌어준다 등 속담을 바꾸면서 히히덕거리던 그 기억에서 단서를 얻었다.

말 한마디로 천 냥 빚을 갚는다는 말은 맞는 말입니다.
말 한 마리로 천 냥 빚을 갚는다는 말은 틀린 말입니다.
지나친 경마를 자제합시다.

이렇게 인쇄광고를 만들어 경마장에 경마를 하러 가는 사람들에게 나눠주었다. 누군가는 굉장히 불쾌해했고, 누군가는 재미있다는 반응을 보였다. 그리고 나눠준 지 얼마 되지 않아 경마장 관리원들에게 쫓겨났다. 관리원의 덩치가 생각보다 커서 무섭기도 했다. 어쨌든 준비한 전단지는 모두 나눠주고 돌아왔다. 돌아오는 내내 두근거림을 느꼈다. 재미있었고, 의미 있는 일이라고 생각했다. 계속 해보자란 생각이 들었다.

두 번째 주제는 콘돔이었다. 역시나 일전에 참가했던 공모전의 영향이었다. 에이즈 예방을 위한 콘돔 사용량 늘리기를 주제로 한 공모전이었는데 보기 좋게 떨어졌다. 공모전 주최 측이 원하는 것은 에이즈 예방을 위한 콘돔 사용 전략이었다. 하지만 나는 연인 관계에 있는 사람들은 절대 에이즈가 걱정되어 콘돔을 쓰진 않을 것이라고 생각했다. 차라리 임신과 같은 책임질 수 없는 행동에 대한 관점으로 접근하는 것이 설득력 있을 것이라는 생각이 들었다. 그런 생각으로 기획서를 썼고 결국 주제와는 다른 기획서가 나왔다. 역시나 그런 기획서는 여지없이 떨어졌다. 모로 가든 서울로만 가면 되질 않냐는 생각을 했지만 기획서는 그렇지 않았다. 누군가가 원하는 방향으로, 원하는 목적지에 도달해야 했다.

하지만 이번에는 떨어지고 말고가 없었다. 그래서 순수하게 내가 하고 싶은 말을 그대로 담았다. 나는 본래 말장난을 좋아한다. 수위 조절을 못해 문제이긴 하지만 언어유희를 좋아한다. 이 기획서를 준비할 때도 그런 말장난을 자주 했다. 그중에 생각나는 두 마디는 이것이었다.

어른아이여도 괜찮다,

- 사실 사정없이 사정하다 보면 그게 자기 사정을 안 봐주게 되는데 사람들이 그걸 몰라.

- 생각 좀 하며 살라고 늘 이야기하는데, 그런 말 하는 걔들은 생각은 하고 쌀까?

이 2가지 카피로 두 종류의 광고를 만들었다.

- 시안 1

  사정 없는 사정은 당신의 사정을 봐주지 않습니다.

  Use Condom.

- 시안 2

  思(생각할 사)정하세요.

  Use Condom.

이 두 종류의 광고를 만들고, 대구 시내의 클럽 거리에 있는 모텔촌 근처에서 늦은 밤, 모텔촌으로 걸어가는 연인들에게 전단지를 나눠줬다. 시비가 붙을까 지나치게 술에 취했거나 덩치가 큰 사람은 피했음에도 불구하고 역시나 시비가 벌어지긴 했다. 특히 주먹다짐을 하려는 어떤 커플에게 그 힘 아껴뒀다 이따 몰아서 쓰시고(?) 그땐 꼭 이 전단지 생각하며 쓰시라고 말했다가 일이 정말 커질 뻔도 했다.

전단지를 만들어 경마장과 모텔촌을 찾아간 이유는 단순했다. 전단지는 고객 구매 접점 상황에서 가장 큰 효과를 발휘하기 때문이다. 그래서 경마장 광고는 경마를 사람들이 생각하게 되는 순간을, 콘돔 광고는 사람들이 콘돔을 생각하는 순간을 노린 것이다. 친구들은 안 맞아 죽은 게 다행이라고 했다. 아마도 안 맞아 죽을 자신이 있었거나 나름 빠른 두 다리를 믿었기 때문에 그럴 수 있었던 것 같다.

이런 나름의 공익 활동(?)의 정점은 6·4 지방 선거를 겨냥한 선거 독려 광고를 할 때였다. 당시 6·4 지방 선거로 전국이 시끄러웠는데, 언제나 그렇듯 20대의 선거 참여율은 낮았다. 그냥 낮은 것도 아닌 전 세대 통틀어 가장 낮았다. 그중 대구 지역이 전국 20대 중 투표율이 가장 낮다는 기사를 봤다. 결국 가장 낮은 선거 참여율을 보이는 20대 중 최고는 대구 지역이라는 의미였고 조금은 부끄러웠다. 이런 20대의 선거 참여를 높일 수 있는 광고를 만드는 것은 의미가 있을 것

어른아이여도 괜찮다.

이란 생각에서 선거 독려 광고를 만들기로 했다.

당시 20대가 투표를 하지 않는 가장 큰 이유를 투표에 대한 동기 부여가 이루어지지 않았기 때문이라 판단했다. 20대는 집값을 걱정하지 않아도 되고, 당장 내야 될 세금을 계산할 필요가 없다. 육아 정책이나 지역 사회 복지에 관심이 있을 리도 없었다. 그런 그들에게 투표에 대한 정당성이나 가치 등을 설명하는 것은 이미 익숙해 듣기 싫은 설교 같은 것이라는 생각했다.

나는 정치에 대한 20대의 불신에 주목했다. 대부분의 20대는 투표를 하진 않지만 정치는 막연하게 불신하고 있었다. 대부분의 20대는 정치인들은 나쁜 존재고, 못 믿을 존재라는 생각을 가지고 있었다. 그래서 차라리 웃기거나 뜨끔할 만한 자극적인 말들로 투표 자체를 생각해보게 만드는 것이 효과적일 것이라는 생각이 들었다. 그래서 이번에는 아예 시리즈(?)로 다양한 메시지가 들어간 공익광고를 만들었다. 내용은 지금 봐도 다소 위험하거나 아슬아슬한 수준이었다.

- 시안 1

  그 나물에 그 밥이냐? 그럼 그중에 덜 썩은 거라도 골라라.

- 시안 2

  부모님 등골 빼먹는 놈은 너 하나로 충분하다.

  잘못 뽑으면 엄한 놈이 같이 빼먹는다.

- 시안 3

  금배지가 말한다. 너희들의 혀는 더 이상 흥분이 되질 않는다고.

  언제까지 말만 할 거냐.

- 시안 4

  군필자들아, 정 뽑을 인간이 없거들랑 군필자라도 뽑아라.

- 시안 5

  미친개는 몽둥이가 약이다. 미친 누군가에겐 투표가 약이다.

- 시안 6

  당당하게 욕하자. 뽑아놨는데 저따위라고. 그럼 일단 뽑아라.

- 시안 7

  월드컵 한 달 즐겁자고 응원할 그 열정에 1분만 투자해라.

  4년이 즐거울지 모른다.

어른아이여도 괜찮다.

이런 식의 전단지를 학교 앞에서 단체복을 입고 응원구호를 외치며 홍보를 하는 각 정당의 홍보 차량 근처에서 나눠줬다. 가끔 뭐하는 짓이냐며 시비조로 이야기하는 누군가에겐 여러분들이 하는 일 도와드리고 있는 중이라고 이야기했다. 어차피 이 사람들 전부 투표를 해야 그중 반반 확률로 여러분들께 가지 않겠냐고 말했다. 다행히 이때에는 큰 마찰은 없었다.

　이때의 일이 정점인 이유는 이 일이 신문에도 났기 때문이다. 신문에 기사가 나자 좀더 많은 사람들이 관심을 가지기 시작했고, 몇몇 신문사에는 추가적인 인터뷰를 요청하기도 했다. 하지만 행여나 내가 하는 말이나 행동이 의도치 않게 정치에 편향된 시각으로 비춰지거나 와전되어 누군가에게 이용될까 봐 전단지를 뿌리는 일 외에 다른 행동은 하지 않았다.

　이렇게 내 나름의 공익 광고 활동이 끝이 났다. 스스로를 의심했기에 다시 멈춰 서서 조금 다른 길을 걸어본 이때의 경험은 가벼운 시작이었음에도 불구하고 내 인생에 큰 변환점이 되었다.

그전까진 광고가 무척 하고 싶었다는 생각과 과연 그 광고를 아직도 좋아하고 있는 걸까라는 두 질문 사이에서 고민했다면 이 행동은 나에게 그걸 넘어선 새로운 정의를 알려준 것이다. 이때의 행동으로 나는 깨달았다

나는 사람들에게 이야기하는 것을 좋아하는구나. 그 도구가 지금은 광고구나.

언제가 될지는 모르지만 내가 하고 싶은 이야기를 다 하는 그날까지, 혹은 내가 하고 싶은 이야기를 더 하지 못하는 그날까진 광고를 해야겠다는 생각이 들었다. 충분히 그럴 만한 가치가 있다는 것을 깨달았다.

자신을 다 아는 것은 결코 쉽지 않은 일이다. 자신을 안다는 것은 절대 과거형이 될 수 없다. 그렇기에 자신을 안다는 것은 언제나 현재진행형이어야 한다.

알아가는 과정에서 나는 수없이 멈추었다. 그때마다 돌아보며 다시 고민했다. 중요한 것은 얼마나 알았느냐는 과거형이 아니라 알기 위해 지금 얼마나 노력하고 있는가라는 현재진행형이다.

나를 알기 위한 노력은 언제나 현재진행형일 것.

이때 내가 배운 가장 큰 깨달음이다. 고민 끝에 찾은 방법이 내게 고민 전에는 생각하지도 못했던 새로운 교훈을 주었다. 이런 것들이 모여 내가 만들어졌다.

인생엔 내비게이션이 없더라

"하다 보니 여기까지."

이 말이 제 인생을 제대로 표현하는 것 같아요. 항상 제 인생의 목표는 성공이라 생각했어요. 해외 봉사 활동도 저에겐 스펙 그 이상도 이하도 아니었죠. 그런데 아프리카에서 남들은 가난한 사람들을 보며 마음 아파할 때, 저는 밀렵되는 동물들을 보며 울컥 했어요. 사람은 말이라도 할 수 있지, 말 못하는 짐승들은 얼마나 억울할까. 머 이런 생각들이 들었죠. 돌아와 내가 원하는 기업에 취업했지만 계속 그 생각이 맴돌더라고요. 어느 날 성공이란 단어에 더 이상 가슴 뛰

어른아이여도 괜찮다,

지 않는 제 자신을 발견했어요. 그걸 깨닫고 나서 지금 이 준비를 하고 있어요. 웃기죠. 성공을 좇던 내가 그걸 좇기 위해 움직이다 성공과는 한참 먼 단체에 들어가기 위해 성공한 지금 자리를 포기하고 있는 것이. 진짜 '하다 보니 여기까지'인 것 같아요. 근데 인생에 답은 없잖아요. 전혀 뜻하지 않은 곳에서, 전혀 뜻하지 못한 나를 깨닫는 것 그런 것도 인생 아닐까요?

_ 그린피스에 들어가기 위해 조선회사를 그만둔 M군

꿈을 구체화시키면 목표가 되고, 목표를 세우면 거기에 도달하기 위한 단계가 보인다고 말한다. 그리고 각 단계를 실행하다 보면 목표에 도달하게 되어 꿈을 이룰 수 있다고 한다.

하지만 모든 상황을 예측할 수 있는 것은 아니다. 특히 목표에 도달하기 위해 설정한 단계들이 항상 명확하게 정해지는 것은 아니다. 각 단계들을 이루면 그 나름의 가치를 얻게된다. 그 가치들은 자신을 성장시킨다. 그런데 성장한 자신은 성장했기에 그전엔 못 보던 것을 보게 되는 경우가 생긴다. 바로 이 경우가 뜻하지 않은 자신을 만든다. 발전하는 과정에서 예상하지 못했던 가치를 발견할 때 자기의 길은 다소 오묘하게 흘러가게 된다. 나를 알아가는 과정 역시 이와 다르지 않다.

오히려 이런 오묘한 경험이야말로 진정한 의미의 나일지도 모른다.

자신을 알기 위한 노력을 현재진행형으로 하며, 광고 활동을 했던 그 시절, 나는 그 오묘함을 경험했다. 주로 공익 광고를 만들다 보니, 착하지도 않은 내가 공익에 관심이 생긴 것이다. 그 관심은 이따금씩 야간 학교나 복지 시설과 같은 곳에 발길을 옮기게 했다. 내가 사는 이 나라에 생각보다 많은 사연과 많은 외면이 있다는 것을 알게 되었다.

거기서 시작된 관심은 자연스럽게 해외 봉사로 옮겨갔다. 대한민국에도 이처럼 다양한 사연이 있다면 도대체 세상 밖에는 얼마나 많은 사연들이 있을까? 그런 생각을 품은 채 처음 해외 봉사를 갔던 곳은 캄보디아였다. 내 생애 첫 해외 봉사이자 내 생애 첫 외국 나들이였다.

같은 것을 봐도 사람이 얻어가는 것은 관점에 따라 다르다. 그래서 같은 것을 봐도 사람들은 늘 다른 자신만의 생각을 하게 된다. 내가 무엇을 보냐가 아니라 어떤 관점이냐가 모든 것을 결정한다.

이 이야기를 하는 이유는 캄보디아로 떠난 봉사활동에서 나는 다른 39명이 보지 못했을 조금 색다른 무언가를 봤기 때문이다.

물론 나도 그 안에서 살아가는 사람들의 현실에 마음이 착잡했고, 미력하나마 내가 하는 노력으로 누군가가 나아질 수 있다는 보람도 느꼈다. 그럼에도 불구하고 봉사 기간 중 내가 느낀 가장 큰 감정은 연민과 안타까움이 아니라 놀라움이었다. 세상은 이렇게 넓었구나, 이렇게 다양한 사람들이 살고 있었구나. 은하수라는 게 정말 있었구나, 우리는 당연히 그냥 먹는 바나나를 이 사람들은 구워 먹는구나. 구우면 단맛이 없어지는데도 이 사람들은 구워 먹는구나. 우리는 일부의 사람들이 애완용으로 키우는 타란툴라란 거대한 거미를 이 사람들은 요리해서 먹는구나. 세상에, 담배가 한 보루에 2,000원밖에 안 하는구나까지. 내가 지금까지 겪은 세상과는 너무나 다른 모습들을 보며 감탄했고 또한 놀라워했다.

모두가 피곤해 곤잠이 드는 밤이면 나는 하늘을 보며 내가 지금까지 본 세상들을 다시 생각해봤다. 생각할수록 내가 알고 있는 세상이 참 좁다는 것을 실감했다. 제대로 본 것도 없는 놈이 다 본 것처럼 으스대던 지난날의 내 모습을 반성했다.

더 많은 세상이 보고 싶어졌다. 더 다양한 사람들의 모습과 생각이 듣고 싶어졌다. 광고를 공부하며 공익 광고 활동을 하며 내가 깨달은 것은 나는 의미 있는 이야기를, 그리고 가치를 전달하는 것에 근원적인 보람을 느낀다는 것이었다.

그리고 다른 사람들에게 이야기하기 위해서는 그들의 이야기를 먼저 들어줘야 가능하다는 것을 깨달았다. 그렇지 않으면 어떤 이야기든 독백이나 근거 없는 잔소리가 될 뿐이다.

의미 있는 이야기를 전하기 위해 더욱 많은 이들의 의미를 들어야겠다고 스스로에게 말하고 있을 시기에 캄보디아에 봉사활동을 왔고, 그 덕분에 그 많은 이들이라고 하는 대상의 범위가 갑자기 넓어졌다. 세상의 다양한 이들의 의미를 경험하고 싶어졌다.

어른아이여도 괜찮다,

능력을 키워 나답게 살겠다는 처음 목표가 광고, 공모전, 동아리, 공익활동이라는 단계를 거쳐 세상을 보고 싶다는 단계까지 도달한 것이다. 처음 광고를 하겠다고 결심했을 때 그 과정에 세상을 보고 싶다는 나 자신이 있을 줄은 상상도 못했다. 나를 알고 싶다는 욕심으로 시작했던 그 많은 일들이 예상치도 못한 것을 원하는 단계까지 이르게 된 것이다.

계속
구어야하는
꿈인가?
이제 깨어야하는
꿈인가?

　　　　본격적으로 준비하기 위해 회사를
그만둘 때 주변 사람들의 반대도 있었지만 무엇보다 나 자
신에 대한 의심이 들었어요. 혹시 내가 꿈을 좇는 것이 아니
라 막연한 꿈을 꾸고 있는 것은 아닐까, 그러다 갑자기 꿈에
서 깨버리면 무서워지진 않을까라는 걱정에 몇 주를 제대로
못자고 고민했던 기억이 나네요.

_ 그린피스에 들어가기 위해 조선회사를 그만둔 M군

예상치 못함은 언제나 사람을 머뭇거리게 만든다. 자기를

　　　　　　　　　　어른아이여도 괜찮다.

찾는 여정에서도 마찬가지다. 뜻밖에 발견한 욕망은 망설임을 만든다. 아무리 그 길을 원해도 지금까지 걸은 길과는 너무나 다르고 낯설기 때문에 망설이게 되는 것이다.

이때만큼 자신에 대한 확신이 옅어지는 순간도 없는 것 같다. 분명 내가 원하는 것이라고 생각했는데 막상 모든 것을 걸고 그것을 할 만큼 원하는가에 대한 확신이 서지 않는다. 확신은 경험에서 나오는 법이다. 아직 가본 적이 없기에, 해본 적이 없기에, 경험 없는 그 길에 대한 확신이 있을 리 없다.

언젠간 TV에서 유명한 연사가 청춘들에게 이런 이야기를 한 적이 있다.

"야망을 가지고 꿈을 꾸어라. 세상이 그대들을 불안에 빠트리기 전에. 꿈은 헤매지 않게 만드는 유일한 이정표이자 인생이란 바다의 찬란한 등불이다."

하지만 나는 꿈꾸었기 때문에 오히려 불안할 수 있다고 생각한다. 그 꿈이 너무나 매력적으로 보이니까, 그 꿈을 너무나 원하는 것처럼 보이니까, 혹시라도 그 꿈이 말 그대로 환상과도 같은 꿈일까 봐. 그래서 그 꿈은 이룰 수 있는 것이 아니라 언젠간 깨야 될 잔인한 현실의 착각일까 봐.

꿈은, 꾸는 즐거움과 깨는 두려움의 합성어다.

누군가는 그런 두려움 없이 과감하게 꿈을 향해 나아가겠지만 나는 그러질 못했다. 더 넓은 세상을 보고 싶다는 내 욕망은 이내 외면할 수 없는 현실의 벽에 부딪칠 수밖에 없었다.

캄보디아에서 돌아와 세계지도를 펼치고 내가 가장 보고 싶은 세상을 생각해봤다. 그 지도에서 내 눈이 한참을 머무른 곳은 아프리카였다. 한국에선 절대로 알 수 없는 것이 있을 것 같은 세상, 내가 지금까지 볼 수 없던 세상, 그래서 더 많은 세상을 보고 싶다는 욕구에 가장 맞닿아 있는 세상이 아프리카였다.

최소한 하나의 세상을 마주했다 말하고 싶거든, 그 세상에서 4계절을 느껴보라고 톨스토이는 말했다. 그 말처럼 나는 1년의 시간을 아프리카에서 보낼 것을 계획했다. 구체적인 계획을 세우기 전에 먼저 부모님께 말씀드렸다. 내 말을 다 들은 부모님은 내게 한마디를 건네셨다.

"현열아, 언제 철들래."

어른아이여도 괜찮다.

지금 취업해도 늦을 나이에, 취업 준비라곤 하나도 되어 있지 않은 철없는 막내아들이 이번엔 다짜고짜 외국에서 1년을, 그것도 아프리카에서 살다 오겠다니 반대하시는 것도 어찌 보면 당연했다. 그 이후 일주일 정도를 나와는 말도 섞지 않았던 기억이 난다.

　나는 그 기간 동안 어떻게 하면 부모님을 설득할지를 고민하지 못했다. 현실의 나를 들여다보느라 그럴 여력이 없었다. 부모님의 말씀이 아니더라도 나도 내가 하려는 일에 고민이 없을 수 없었다.

　갔다 오면 29세. 그러나 나이에 비해 턱없이 부족한 내가 보였다. 일찍 시작한 친구들은 벌써 사회에 진출해 자기 앞가림을 하고 있었다. 일찍 준비한 누군가는 내가 아프리카를 다녀왔을 때 즈음이면 결혼을 했을지도 모를 일이었다.

　내 주변에 있던 사람들이 하나둘씩 자신의 역할을 찾아 사회에 나아가고 있을 때 나는 여전히 광고가 좋다며, 좋은 이야기를 전해주고 싶다며, 의미 있는 가치를 발견하고 싶다며 사회가 원하는 일과 동떨어진 일들을 하고 있었다.

　친구들은 하나씩 어른이 되어갈 때, 나는 아직도 아이처럼 내가 하고 싶은 일을 하겠다며, 나를 알아가겠다며 고집 부리고 있는 건지도 모른다. 그런 내가 이제는 아프리카로 가려고 하다니, 그것도 1년 동안, 무엇보다 취업의 끝이라는 20대 후반이면서. 이 선택이 과연 맞는 것인가를 고민할 수밖에 없었다.

나는 이제 더 이상 어린아이가 아니다. 언제까지 공모전 상금으로 생활할 수도 없다. 이제는 경제적인 독립을 준비해야 할 나이다. 아니 어쩌면 이미 지난 나이일지도 모른다. 어른이 되어야 한다. 언제까지나 어린아이처럼 부모님에게 손을 벌리며 살 순 없다. 그걸 알면서도 내가 하고 싶은 것을 욕심내는 이 선택이 맞는 것일까? 아프리카를 갔다 온 후 내 모습에 후회하지는 않을까?

그렇게 홀로 어른아이로 남으면 어떡하지? 불안했다.

어른아이여도 괜찮다.

어른이 되지 못한 아이 VS 아이만도 못한 어른

그래도 단호하지 못했던 제가 실행에 옮길 수 있었던 이유는 '까짓것 꿈이면 어때랴, 그러다 깨면 어때랴, 적어도 훗날의 내게 그래도 이 시절 나는 최소한 꿈이라도 꾸려고 노력했다고 말할 순 있지 않을까?' 라는 생각 때문이었어요. 이룰 수 있는 꿈이든 개꿈이든 아예 꾸지 않는 것보단 최소한 꾸려고 노력해보는 것이 후회 없을 것이라고 생각했어요. 체 게바라가 이야기했잖아요. 차가운 현실주의자로 살아도 가슴속에 이룰 수 없는 꿈 하나는 가지고 살라고. 그 말을 제멋대로 해석했어요. 이룰 수 없는 꿈이라도 이룰 수 없다고 인정하기 전까진 노력해보자고.

_ 그린피스에 들어가기 위해 조선회사를 그만둔 M군

예전에 진로로 고민하던 후배와 술잔을 나누며 나는 이런 이야기를 했다. 어느 광고인이 젊음이라는 주제를 받더니 한참을 고민 끝에 이런 이야기를 만들었다.

닥쳐라, 말해봐야 청춘인 너희들은 청춘을 알 수 없다. 지나야 알 수 있는 것도 있는 법이다. 지금 고민하고 있는 일들은 지나봐야 답을 알게 되는 고민일지도 모른다. 그러니 현재에 답을 못 내리겠거든 미래의 너를 상상해보는 것도 좋겠지. 5년 뒤에 넌 지금의 네가 어떤 선택을 했을 때 웃으며 잘했다 할 수 있는지를.

아프리카로 떠날 계획을 세우며 고민하던 난 내가 했던 이 말을 떠올렸다. 당장 서른이 눈앞인 나를 생각하지 말고 훗날의 나를 생각해봤다. 그때의 내가 지금의 나를 돌아봤을 때 무엇을 선택해야 잘했단 소리를 들을 수 있을지를.

그런 생각이 들었다. 만약 지금 타협해 어른이 되면, 그렇게 어른이 된 어느 날 꿈에서라도 지금의 나를 후회하지 않

어른아이여도 괜찮다,

을 수 있을까?

　나를 알기 위해 지금껏 하고 싶은 일들이 생길 때면 어떻게든 그것들을 하며 여기까지 왔는데 철이 들어야 한다는 말을 핑계로 지금의 욕심을 포기해버리면 나를 알기 위해 최선을 다했다고 말할 수 있을까? 그렇게 어른이 된 내 모습에 만족할 수 있을까?

　많은 사람들은 청춘들이 어느 정도 무르익었을 때 어른처럼 살라고 충고한다. 그들의 말하는 어른은 인내해야 할 것은 인내하고, 포기해야 할 것은 포기할 줄 아는 모습이다. 내 욕심을 상황에 맞춰 포기할 수 있는 것은 어른만이 할 수 있다. 아이들은 그렇게 하질 못한다.

　하나둘 좋아하는 것을 내려놓다 보면 나를 잃어버리게 되는 것은 아닌가 하는 생각이 들었다. 처음에는 포기했을 때의 모습이 기억나겠지만 반복하다 보면 현재의 모습만 남아 그때의 기억이 나지 않을지도 모른다.

　내가 무엇을 좋아했는지, 무엇에 욕심을 부렸는지 기억하지 못하는 어른, 그 어른의 모습이 아이보다 훌륭하다고 이야기할 수 있을까? 아이는 철이 없을지는 몰라도 자신이 무엇을 하고 싶은지는 누구보다 잘 안다. 그래서 아이는 어쩌면 어른보다 자신을 더 잘 알고 있을지도 모른다.

내가 원했던 어른 제갈현열의 모습은 내가 무엇을 좋아하는지를 당당하게 이야기할 수 있는 사람, 좋아하는 일을 하기 위해 어떠한 노력도 마다하지 않는 사람, 그래서 자신을 알기 위한 선택을 할 수 있는 사람이다.

그런 사람이 된 미래의 나라면 지금 무엇을 선택하는 나를 좋아할까?

한 걸음 물러서는 것이 아무것도 아닐 수도 있지만 지금 한 걸음 물러서면 더 많은 것을 포기하게 될지도 모른다고 생각했다.

어른스럽지 못한 나도 싫지만 아이만도 못한 어른이 되는 것은 더욱 싫었다.

그래, 아이만도 못한 어른은 되지 말자. 언젠간 포기할 수도 있다. 내가 하는 이 모든 행동들이 어쩌면 깨기 싫은 달콤한 꿈일지도 모른다. 그 꿈에서 깨어났을 때 지금 내 행동을 돌아보며 꿈속에서 허덕였을 뿐이라고 아쉬워할지도 모른다. 하지만 지금은, 아직은 아니다. 지금은 꿈이라도 꿔야 할

어른아이여도 괜찮다.

때다. 그리고 미래의 나도, 틀림없이 지금 이 생각을 후회하진 않을 것이다.

무엇보다 지금까지, 이런 행동과 결정들이 내가 누구인지 알게 만들었으니까. 늘 주변과, 세상과, 나 자신과 부딪치고 갈등하며 걸어온 이 길 덕분에 나를 알게 되었으니까. 아직 나를 완전히 알았다고 자신할 수 없으니까. 최소한 그런 자신감이 생길 때까지만이라도 가슴이 시키는 일을 하자.

걷다 보니 문득 세상이 눈에 들어왔고, 다른 어떠한 것보다 지금은 그 세상을 보고 싶다는 욕심이 가장 크니까. 그곳을 보고 나면 나를 좀더 잘 알 수 있을 것 같으니까.

그런 마음으로 어른아이가 될지도 모른다는 불안감을 누르며 세상을 보겠다는 결심을 굳혔다. 이 결심을 계기로 내 인생의 중요한 지침 한 가지를 정할 수 있었다. 많은 고민과 방황 끝에 겨우 만든 지침이기에 앞으로도 이 지침은 내 인생의 나침판이 될 것이다.

지금 행동이 미래의 나를 만든다. 미래의 나에게 사과할 선택은 하지 말자. 그리고 미래의 나는 반드시 지금보다는 나를 더 알고 있어야 한다. 반드시 그런 선택을 하자.

나를 알고자 하는 욕심이 다른 무엇보다 먼저라고 생각했다. 카메라에 렌즈가 있어야 세상을 담듯, 내가 있어야 내 세상이 보이고, 내 세상이 보여야 내가 살아갈 길이 보인다. 그렇게 자기 길을 걸어가야 비로소 살아 있다고 말할 수 있다.

삶은 죽어가거나 살아가는 2가지뿐이라고 한다. 죽어가는 사람은 삶을 소모하며 살아간다. 돈을 위해, 타자를 위해, 혹은 무엇인지조차 모른 채 누군가의 삶을 위해 이용당하며 살아간다.

도구여야 하는 것이 목적이 되어버린 삶을 살지 않기 위해서는, 도구를 도구로 사용하기 위해서는 나의 목적이 명확해야 한다. 그 목적을 세우지 못한 순간 모든 도구들은 목적 없이 자신을 소모해간다.

소모되지 않기 위해, 죽어가지 않기 위해서라도 사람은 자신을 알아야 한다.

그런 나름의 생각들을 이 고민으로 얻어가며 또 한 걸음을 나아갔다. 나 자신을 향한 그 한 걸음을.

세상을 보는 것은 나를 맞이하는 것

자신을 안다는 건 세상을 본다는 것일지도 몰라요. 예전에 TV에서 나사 최고위직 관계자의 인터뷰를 본 적이 있어요. 어떤 이유에서 우주에 흥미를 느끼게 되었냐는 질문에 그 사람의 대답이 걸작이었죠. 우리가 어떤 존재인지 알고 싶었대요. 우주를 탐험할수록 우리 세계는 점 하나에 불과하다는 것을 깨달았고, 그럴수록 그 점의 의미가 무엇인지를 알고 싶었대요. 나도 그런 이유인 것 같아요. 여행을 할수록, 그래서 내 시야가 넓어질수록 오히려 나 자신이 보이더라고요. 결국 내가 본 것들은 나를 투영

해서 비치는 것들이니깐 그런 것들을 통해서 나를 알게 되는 거죠. 떠난 것은 여행이었지만 결국에 보는 것은 나 자신인 것 같아요.

_ 나미비아에서 만나 탐험가 벤(Ben)과의 술자리에서 나눈 대화

성장하는 방법이야 다양하고, 특히 자신을 알아가는 방법이야 많겠지만 최고의 방법 중 하나가 세상을 보는 것이라 생각한다. 아프리카에서 보낸 1년은 나를 크게 성장시켰다. 그 전의 다양한 경험으로 만들어진 내 모습에선 찾을 수 없었던 깊이가 생기는 시간이었다. 그래서 한 인터뷰에서 아프리카의 1년이 어땠냐는 질문에 나는 고민 없이 이렇게 대답했다.

"후회가 없을 만큼 보았고, 미련이 없을 만큼 성장했던 시기였습니다."

시간은 누구에게나 동일하게 흐른다. 누구에게나 하루는 24시간이다. 하지만 그 안에서 각자가 살아가는 속도는 다르다. 어느 순간에는 흐르는 시간에 미안할 만큼 멈춰 있었고, 어느 순간에는 흘러가는 시간만큼만 흘러갔다. 그리고 때로는 흘러가는 시간이 뒤쳐질 만큼 빠르게 나아갔다.

어른아이여도 괜찮다,

나에게 있어, 시간보다 빨리 나아갔던 정점은 아프리카였다. 고작 1년이지만 참 많은 것들을 배우고 깨달았다. 그곳이 아프리카여서도 있지만 철저하게 나 자신만 볼 수 있었기 때문이라고 생각한다.

오늘 당장 해야 될 일이나 미래에 대해 생각할 필요가 없었다. 모아둔 돈이 조금 있어 당장 경제적인 고민을 할 필요도 없었다. 홀로 떨어져 있으니 주변사람들을 생각할 일도, 그 삶을 지켜볼 필요도 없었다. 그렇게 온전히 혼자가 되어 철저하게 오늘만 바라보았다. 그렇게 모든 시간을 오늘에만, 그리고 나에게만 쓸 수 있었고 그래서 내 삶에서 가장 크게 성장한 시간이었다.

사막에서 저녁노을을 보며 이 광경을 보지 못하고 살아온 자신의 28년을 아쉬워하는 프랑스 친구를 보며 세상이 전해주는 감동을 배웠다. 코란에서 자신이 발견한 것은 폭력이 아니라 알라의 무한한 사랑이었다며 위기에 처한 나를 기꺼이 도와준 중년의 이슬람교도 남자를 통해 종교를 다시 보게 되었다. 19세에 꿈을 찾아 떠나는 것이 당연하다고 말하는 영국의 타투이스트 지망생을 보며 한 사회의 교육 환경

이 얼마나 중요한지를 배웠고, 하루를 살아갈 돈 외는 아무 것도 필요 없다며, 내가 준 지갑에서 딱 필요한 돈만을 가져 간 에이즈에 걸린 강도의 말에서 희망이라는 단어의 잔인함 도 배웠다.

정말 오늘만 살 것처럼 열정적으로 살던 스페인 친구, 언 제나 흥겹게 인사를 건네던 브라질 친구, 그리고 지나치게 낙천적이라고 생각할 만큼 긍정적이던 잠비아의 친구들까 지 참 다양한 사람들을 만나며 그 나라의 문화를 잠깐이라 도 엿보았고 그 잠깐을 통해 내가 겪지 못한 세상을 들여다 보았다.

일일이 말하기엔 너무 많아 차라리 다른 책을 한 권 써야 할 만큼 많은 것들을 그곳에서 배웠다. 그 배움들은 때론 내 게 깊이를 전해줬고, 때론 나를 돌아보게 만들었다. 그렇게 그곳에서 나는 성장했다. 그렇게 1년이란 시간, 그 시간을 가지기 위해 불안했고 고민했던 나 자신이 후회스러울 만큼 분에 넘치게 많은 것을 배웠다.

아프리카에서 1년을 보내고 한국으로 돌아와서도 늘 다른 세상으로 나갈 수 있는 기회를 만들기 위해 노력했다. 해외

어른아이여도 괜찮다,

탐방을 갈 수 있는 공모전을 우선순위로 두기도 했고, 해외로 갈 수 있는 다양한 프로그램을 알아보며 기회가 있을 때마다 참여했다.

아프리카에서 다 써버린 통장이 다시 채워질 때면 나는 주저하지 않고 배낭을 짊어졌다. 그렇게 살다 보니 많은 나라는 아니어도 지금까지 20개국 정도를 보고 느꼈다.

이 이후에도 나는 매년 아프리카를 갔다. 직장을 다니던 기간을 제외하면 나는 매년 아프리카를 다녀왔다. 갔던 나라를 왜 또 가냐고 묻는 사람도 있지만 아프리카는 갈 때마다 내게 새로운 생각을 주었다. 아마 나는 내년에도 아프리카로 떠날 것이다. 새로운 무언가를 찾기 위해서가 아니라 성장을 기다리며 숨어 있는 나 자신을 만나기 위해.

더 넓은 세상을 보고 싶다는 생각으로 무작정 여행을 다닌 나는 이제 누군가 여행에 대해 물으면 자신 있게 대답할 수 있다.

한 번의 여행은
하나의 생각을 주고

하나의 생각은 하나의 가치가 되고
하나의 가치는 하나의 말과 행동이 되어
몰랐던 나를 알게 하거나,
안다고 생각했던 나를 더욱 성장시킨다.

여행은 떠나는 것이 아니라 더욱 성장한 나를 찾으러
가는 것이다.
　　방황했지만 훗날의 나를 위해 선택했던 그 결정이 이를 깨
닫게 해주었다. 이제 내년이면 그때 고민하며 상상했던 5년
뒤의 내가 된다. 지금도 그리고 그때도 당당하게 이야기할
수 있다. 넌 지금의 나를 위한 최선의 선택을 했다고.

어른아이여도 괜찮다,

미래의 나에게 지금의 선택 묻기

"그가 지상에 있는 동안 어떠한 일에도 관여치 않겠노라. 인간은 노력하는 한 방황하는 법이다."

소설《파우스트》에서 선량한 지식인 파우스트를 타락시킬 수 있다며 악마가 신에게 내기를 제안했을 때 신이 했던 대사다. 수많은 명언 중에도 가장 마음에 와 닿았던 말이다. 사람은 노력하는 한 방황하고, 방황하는 만큼 성장하는 법이다.

나를 알아가는 과정에서 나는 수없이 방황했다. 광고를 좋아한다던 내가 통장에 쌓이는 돈을 보며 방황했고, 하고 싶은 일을 하며 살겠다고 입버릇처럼 말하던 내가 나이라는 아무도 말한 적 없는 벽을 혼자 쌓고는 방황했다.

통장에 들어오는 돈이 좋아서 공모전을 하는 것은 아닌지, 하고 싶은 일을 한다는 핑계로 해야 될 일을 외면하는 건 아닌지라는 물음에 단호하게 아니라고 대답하지 못했다. 혹여

나 나 자신을 기만하고 있는지 알 수 없었기 때문이다. 지금도 그때를 돌이켜보며 정말 단 한 번의 기만도 하지 않았는가에 대해선 자신할 수 없다. 분명 어느 순간엔 상금을 보며 공모전을 했을 것이고, 어느 순간엔 눈앞에 닥쳐오는 여러 의무들에 눈감으며 아프리카를 꿈꿨는지도 모른다. 그렇게 나는 그 시절을 방황하며 보냈다.

다만 다행인 것은 방황하는 나에게 적어도 그 방황을 끝내기 위해 노력할 의지와 기회가 있었다는 것이다. 매 순간 부족한 내 모습을 받아들이고 인정했던 처음의 나를 잊지 않았기에, 시시각각 펼쳐지는 방황 앞에서도 나 자신에게만은 솔직해지려고 노력했다. 그런 노력이 내 인생을 실험하게 만들었고, 그 실험 끝에 전에 알지 못했던 나를 알게 되었다. 노력하는 한 방황하는 법이고, 방황한 만큼 알게 된다는 것을 나는 그렇게 배웠다.

그럼에도 불구하고 마주한 세상이라는 벽이, 부모님의 한숨이 너무 크게 느껴질 때면 훗날의 나에게 지금을 물어봤다. 지금의 선택이 미래의 나를 만들기에, 미래의 내 모습을 상상하며 그에게 물었다. 너는 어떤 선택을 지지해줄 것인지를.

어른아이여도 괜찮다,

마치 뫼비우스처럼 느껴졌다. 과거의 내가 지금의 나를, 지금의 나는 미래의 나를, 그리고 미래의 내가 다시 지금의 나에게 답을 주는 그 과정이 말이다. 그 과정을 거치다 보니 어느새 세상의 눈과 시각은 빌런(악당)이 되어 있었다. 그 빌런을 무찌르는 것은 미래의 나와 선택을 하는 현재의 나였다.

히어로가 등장하는 영웅물에서 빌런은 필수다. 빌런은 영화의 클라이맥스를 만들고 히어로를 성장시킨다. 만약 내가 현실의 무게나 책임 따위를 그저 회피하려고만 했다면 세상 물정 모르는 철부지 혹은 아집과 오만에 가득 찬 외통수가 되었을지도 모른다.

하지만 내겐 다행히 외부 세계가 협박과 고민으로 밀려들 때 눈을 감고 외면하지 않을 용기가 있었다. 그래서 적잖이 방황하고 불안했지만 잠시 멈췄을지언정, 내 선택에 신념과 확신을 만들어주기도 했다. 그런 신념과 확신은 내가 걸어온 길만큼이나 소중했다. 그것을 길라잡이 삼아 좀더 나를 알아갔으니깐, 그렇게 내가 여기까지 왔으니까.

Chapter 5

내려놓는 것이
아니다,
사용하는 것이다

———

늘 옳았던 것은 아니었다.
오히려 틀린 적이 더 많았다.
옳다는 생각을 내려놓았을 때
옳은 길을 찾을 수 있었다.
아무것도 없었던 내 손엔
어느새 반짝거리는 것들이 들려 있었다.
그것이 나다움을 잃게 만들었을 때에도
나는 그 빛남을 부여잡고 있었다.
미치도록 탐이 났던
그 빛남을 내려놓았을 때,
비로소 내 삶이
다시 빛나기 시작했다.

———

잘못된 현재라도 과거에 후회가 없다면 족하다

저는 늘 자신감이 없었어요. 늘 주눅이 들어 있었고 친구들을 보면 항상 열등감을 느꼈던 것 같아요. 수백 번 마음을 다 잡으려고 해도 그때뿐이지 지나고 나면 축 처져 있는 나를 발견하곤 했어요. 그런 내가 너무 싫어서 이것저것 다 해봤어요. 처음에는 작심삼일이라고 포기하기 일쑤였죠. 그런데 그렇게 많은 것들을 시작하고 포기했어도 다행히 무언가를 해야겠다는 결심은 포기하지 않았던 것 같아요. 그렇게 닥치는 대로 하다 보니 포기하지 않고 끝내는 것들이 하나둘 생겼어요. 그런 것들이 쌓이다 보니 당당해졌어요. 열등감은 당연히 사라졌고요. 그때 알았어요. 자신감이 없는 것은 지금의 나 때문이 아니라 내가 살아온 과정의 결과라는 걸, 그래서 자신감이 생기는 것도 지금 어떻게 한다고 되는 것이 아니라 지금부터 해나가면 미래의 어느 기점에서 생긴다는 것을요.

_ 극심한 무대 공포증과 스스로 못났다고 평가하는 얼굴을 극복하고
원하는 기업에 취업한 29세 K군과의 술자리에서 나눈 대화

자신을 평가해야 하는 순간이 있다. 새로운 세상에 소속되기 위해 자신을 내놓을 때, 자기란 상품을 내보이기 전의 최종 검사자는 바로 자신이다. 그럴 때 우리는 스스로를 평가한다. 가까이는 주변의 지인들, 멀리는 강연에서 만난 수많은 청춘들에 이르기까지 그 순간을 맞이하는 수많은 사람들을 내 눈으로 보았다.

두 종류였다. 자신을 평가하며 자신감을 가지는 부류와 숨기고 포장하기에 급급한 부류였다. 전자와 후자를 결정하는 요소는 결과가 아니라 과정이다. 자신이 걸어온 길에 후회가 없으면 지금 어떤 모습이든 대부분 그 모습을 마음에 들

내려놓는 것이 아니다.

어했다. 그러나 자기 의지가 아니라 떠밀리고 눈치 보며 걸어온 길인 경우에는 결과와 상관없이 불안해하고 꾸미려 들었다.

걸어온 길에 후회가 없다면 그 평가 역시 후하지 않을 수 없다.

아프리카에서 돌아온 나는 29세가 되었다. 광고계에 입문하기 위해 본격적으로 준비했다. 여전히 광고가 좋았고, 광고 회사가 아닌 곳에 입사할 생각이 없었다.

그때 코바코(한국광고방송공사)에서 HSAD라는 광고 회사에 인턴 자리가 났는데 지원해보라고 했다. HSAD는 국내 3위의 대형 광고대행사로 광고를 꿈꾸는 사람이라면 누구나 가고 싶어하는 회사 중에 하나였다. 당연히 지원을 하겠다고 답했다.

처음으로 이력서를 써봤다. 이력서가 자율양식이라고 해서 인터넷에서 일반적인 이력서 양식을 다운받아 필요한 내용을 채워나갔다. 이때 처음으로 내 이력을 정리해봤다. 정리하고 보니 이력을 증빙하는 서류가 딱 100장이 나왔다.

그 100장 중에는 광고회사에 입사하기 위해 꼭 필요하다는 토익 성적표도, 상경계 출신이면 전부 가지고 있다는 모스 자격증도 없었다. 애초에 스펙을 쌓으려고 만든 이력이 아니기 때문이다. 광고를 좋아해서 광고에 필요한 일만 하며 생긴 자연스러운 이력이었기 때문이다. 세상이 필요하다고 말하는 자격은 하나도 갖추지 못했지만 내 이력들을 보며 그런 생각을 했다.

그래 너 임마, 광고하기에 충분할 만큼 잘 살았다.

문제는 자기소개서였다. 그 전까지 자기소개서를 써본 적이 없었다. 막상 자기소개서를 쓰려고 하니 어떻게 적어야 할까를 고민할 수밖에 없었다. 아무것도 적지 못하고 모니터만 바라보다 문득 그런 생각이 들었다.

자기소개서도 따지고 보면 나라는 제품을 파는 기획서와 다를 게 없지 않나? 자기소개서를 써본 적은 없지만 기획서라면 누구보다 많이 써봤으니까 기획서를 쓰듯 자기소개서를 쓰면 되지 않을까?

나는 기획서를 쓸 때 2가지 규칙이 있었다. 하나는 기획서에는 내가 하고 싶은 수만 가지의 이야기 가운데 상대가 원하는 이야기를 담아야 한다. 사람은 상대의 말은 반박하려

내려놓는 것이 아니다.

고 하지만 자기 이야기에는 관심을 가지니까 말이다. 둘째
는 간결하고 핵심만 적는 것이다. 완성이란 덧붙일 것이 없
는 상태가 아니라 뺄 것이 없는 상태라는 톨스토이의 말처
럼 말이다.

　이 2가지를 생각하고 나니 길이 보였다. 광고회사라면 능
력 있다, 성실하다, 예의 바른 사람보다 '정말 광고를 좋아
하고 하고 싶어하는' 사람을 원하지 않을까? 더군다나 나
는 광고를 정말 좋아하고, 하고 싶었기에 진실하게 전할 수
있지 않은가?

　그다음 고민은 어떻게 해야 간결하고 임팩트 있게 전달할
수 있을까였다. 그림을 잘 그렸다면 광고를 좋아하는 내 마
음을 광고 시안으로 만들어볼 텐데 그림에는 영 소질이 없
었다. 고민 끝에 내 소개를 시로 적기로 했다.

　시는 간결하고 임팩트가 있으니까 시로 적으면 괜히 필요
없는 말이나 미사여구들이 걸러질 것이고 무엇보다 그림은
몰라도 글은 잘 쓸 자신이 있었다. 그때 내가 적은 자기소개
서는 다음과 같다.

광고가 하고 싶어서

많이 배워야 한다기에,

아직까지 지워지지 않은 썩은 살이 엉덩이에 생길 때까지

무작정 책만 보았습니다.

광고가 하고 싶어서

많이 알아야 한다기에

글을 좀더 배우려 문예창작학을, 사람을 좀더 이해하려 심리학을

전공 욕심이 왜 이렇게 많냐는 핀잔에도 웃으며 공부를 했습니다.

광고가 하고 싶어서

많은 사람을 이해해야 한다기에

광고 동아리, 광고학회, 과 회장, 토론 동아리, 토론 학회 국내 봉

사활동, 국외 봉사활동,

가림 없이 언제나 사람 냄새가 있는 곳이면 있었습니다.

광고가 하고 싶어서

내려놓는 것이 아니다,

많이 겪어야 한다기에

마케팅 공모전, 광고 공모전, 영상 공모전, 인쇄공모전, 참여형 공
모전, 그리고 뉴욕 페스티벌까지

광고로 겪을 수 있는 공모전은 다 해봤습니다.

광고가 하고 싶어서

많이 봐야 한다기에,

일본, 중국, 싱가포르, 베트남, 캄보디아에서 남아프리카, 나미비
아, 잠비아, 보츠와나, 모잠비크, 스와질란드, 짐바브웨까지,

세상을 보러 떠나봤습니다.

광고가 하고 싶어서

앞으로 해야 할 것이 무엇이든, 어떤 것이든

그게 설사 하기 싫은 일이더라도 하고 싶습니다.

광고하는 데 필요하다니깐, 광고하는 데 필요하다니깐.

정말,

광고가 하고 싶어서

사용하는 것이다

이력서를 다 완성하고 나니 여러 생각이 들었다. 만약 처음부터 취업을 목표로 무언가를 준비했다면 내 이력은 분명 지금보다는 빈틈이 없었을 것이다. 적어도 이력서에 반드시 있어야 한다는 토익 성적이나, 관련 자격증에 대해 적을 수 있었겠지만 이력서를 완성하고 나서 확신할 수 있었을까? 이만하면 그래, 나 광고해도 괜찮겠구나라는 확신이 말이다.

자기소개서는 매뉴얼대로 적을 수 있었을 것이다. 지원 동기, 성격의 장단점, 살아오며 겪었던 힘든 일과 그것을 극복해나가는 과정, 타인과 의견이 부딪쳤을 때의 예시와 그것을 해결하기 위해 노력했던 점, 입사 포부까지. 그런 것들을 미리 배웠을 것이고 거짓이든 진실이든 그 항목들을 최대한 세련되게 표현할 수 있었을 것이다.

실제로 해외 탐방을 통해 만난 한 취업 컨설턴트는 내 자기소개서를 여러 가지 이유를 들어 엉망이라고 평가했다. 반드시 들어가야 하는 항목이 빠졌고, 무엇보다 면접을 볼 때 자기소개서를 기준으로 질문들이 나올 텐데 이걸 보면 딱히 질문할 것들이 보이지 않아 도움이 안 될 것이라고 했다.

내 자기소개서가 기준과 용도에는 맞지 않을 수 있다. 하

내려놓는 것이 아니다,

지만 자기소개서를 쓰면서 광고에 대한 내 마음을 알리기 위해서는 이것이 가장 맞는 형식이라고 생각했다. 그거면 족하다고 생각했다. 제출하면서 당락에 대한 걱정보다 이만하면 되었다, 충분하다는 자신감이 들었다.

남들이 보기엔 제대로 된 스펙도 없는 결과물, 구성도 내용도 부족한 것이 없다고 평가했던 결과물, 그것들을 보면 '나'라는 상품의 질이 높다고 말할 수 없을지도 모른다. 하지만 나라는 상품이 만들어지기까지의 과정에 후회가 없었기에 나라는 상품에 자신감을 가질 수 있었다.

나는 최고가 아니었다, 다만 유일했다

딸이 미국에 있는 대학교에서 음악을 공부해요. 그 학교에서는 정기적으로 연주회를 하는데 항상 시작 전에 지휘자 선생님이 단원들에게 하는 말이 있대요. 'BE YOU' 라는 말이에요. 누군가를 따라 하지 말고, 그냥 자기가 하는 방식대로, 자기처럼 하라는 뜻이에요. 나는 그 말이 참 마음에 들어요. 모방하는 것이 아니라 자신만의 색을 갖는 것 그게 중요한 것 아닐까요?

_ 출판기획자 L 대표님과의 술자리에서 나눈 대화

내려놓는 것이 아니다,

이만한 스펙이면 자기소개서 중에 최고라고 생각했습니다. 사실 대부분의 서류전형은 통과했죠. 그런데 번번이 면접에서 떨어졌습니다. 말을 딱히 못하는 것도 아닌데 왜 떨어질까, 내가 매력이 없는 것일까? 한동안 슬럼프에 빠졌던 기억이 납니다. 그때 내가 지금까지 쓴 자기소개서를 보는데 문득 그런 생각이 들더라고요. 자기소개서에 적힌 이 멋진 인물이 정말 나일까? 거기엔 내가 없더라고요. 다른 사람들의 장점만을 뽑아놓은 가상의 인물이었어요. 그 인물은 최고처럼 보이지만 그건 내가 아니었어요. 지금까지 난 '저 최고예요, 저 좀 사주세요'라고만 말했지, 내가 어떤 사람인지를 말하지 못하고 있었어요.

_ 면접 19번 탈락을 훈장처럼 생각하는 H기업 K군과의 대화

최고가 되고 싶지 않은 사람은 없을 것이다. 경쟁이 심한 대한민국에서는 모두 1등을 꿈꾼다. 그것이 잘못되었다고 생각하진 않는다. 많은 이들이 꿈꾸는 1등이 도대체 무엇일까 하는 의문이 들 뿐이다. 토익을 만점 맞으면 최고가 될까? 입사 성적이 가장 높으면 최고가 될까?

나는 사람의 삶은 향수와 같다고 생각을 한다. 코코 샤넬
은 최고의 향수는 최고의 재료가 아니라 각기 다른 재료를
최적의 조합으로 섞어 만든다고 이야기했다. 사람은 저마다
의 향기가 있고 그 향기는 높고 낮음이 아니라 고유함의 문
제라고 생각한다. 그 고유함을 얼마나 잘 지킬 수 있는지가
관건이지, 자신을 다른 사람과 비교하는 것은 옳지 않다고
생각한다.

겨울이 피는 매화는 봄에 피는 진달래를 시기하지 않는다.
꽃도 피는 시기와 향이 다른데 사람은 오죽할까. 다른 사람
과 비교해서 더 낫다는 자만심이나 못하다는 열등감은 무의
미하다. 각자가 가지고 있는 향과 모양을 얼마나 잘 가꿀 것
인지를 고민하는 것이 궁극적으로는 가장 옳은 방법이라고
생각한다. 오동나무는 천년을 보내도 자신의 가락을 지킨다
고 하지 않았던가.

이력서를 내고, 서류전형을 통과하고, 면접을 거친 끝에
나는 인턴으로 사회에 첫발을 내딛게 되었다. 부푼 마음을
안고 서울로 올라와 첫 출근을 한 그날 인사팀의 첫말을 나
는 잊을 수가 없다.

내려놓는 것이 아니다,

"정식 채용이 계획되어 있지 않은 인턴입니다."

입사 첫날 인사팀은 이미 내 미래를 결정해놓았다. 알고 보니 나는 코바코와 연계한 산학협력 형태의 인턴이었다. 기간은 3개월이고 그 이후에 정규직 전환은 이어지지 않은 인턴이었다. 이미 회사 내에는 하계 인턴이라는 이름하에 20명 정도를 뽑아서 운용하고 있었고, 그중 일부를 선별하여 정규직으로 전환시킨다는 계획도 수립한 상태였다.

미래가 없는 3개월짜리 인턴이라는 사실에 충격을 받은 것이 사실이다. 그래도 수많은 불안감을 이겨내며 나를 만들어왔던 과정이 있어서인지 썩 괜찮게 받아들일 수 있었다. 전에 겪은 고민에 비하면 이 말은 그래도 실체는 있었기에 생각보다 빨리 마음을 잡을 수 있었다.

'그래, 언제는 누가 내 미래를 책임져준 적이 있었나, 또 언제는 그런 걸 믿고 걸어갔던 적이 있었나, 언제나 그랬듯 당장 내가 원하는 광고 일을 하게 되었으니 후회 없이 하자. 후회는 내가 아니라 이 회사가 하게 만들자. 인턴이 끝나고 나가더라도 최소한 회사에서 너를 뽑지 못해 미안하다는 그 한마디는 듣고 나가자.'

나는 신을 믿진 않지만 인연은 믿는 편이다. 과거의 인연은 돌고 돌아 현재로 이어지고 그렇기에 과거에 내가 했던 행동이나 말은 그 인연과 함께 현재에 영향을 미친다. 이 회사에 있을 때에도 그 뒤엉킴의 인연을 경험했고 그것이 기회로 찾아왔다.

팀을 배정받고 얼마 지나지 않아 흡연실에서 상무님과 마주쳤는데 상무님은 이미 나를 알고 계셨다. 공모전에 심사위원으로 참가하셨는데 그때 내 PT를 인상 깊게 보셨다는 것이었다. 그리곤 옆에 있던 다른 팀의 국장님에게 나를 소개하며 실력이 있으니 한번 써보라는 이야기를 건네셨다. 바로 그 말이 기회로 찾아왔다.

며칠 뒤 그 팀의 팀장님은 나를 호출했고, 자신이 현재 진행하고 있는 PT를 혼자 맡아서 해보라고 하셨다. 물론 그 팀에서 기획서를 작성하지만 그와는 별개로 혼자서 기획서를 써서 서로 비교해보자는 이야기였다. 그 팀의 대리님 말로는 회사를 다닌 이후 수많은 인턴을 봤지만 이런 일을 맡기는 경우는 처음이라고 했다. 분명 상무님과의 인연이 좋은 방향으로 작용했기 때문이라고 생각한다.

상무님을 만났던 공모전을 할 때 내가 제일 많이 들은 건 '이제 취업 준비를 하라'였다. 그 말을 듣고 공모전을 그만 뒀더라면, 내가 필요하다고 생각했던 일이 아니라 남들이 하라는 일을 했다면 아마 이 기회가 오지 않았을 것이다.

자기가 하고 싶은 일과 남들이 해야 된다는 일 사이에서 나는 언제나 내가 하고 싶은 일을 택했다. 그로 인한 고민과 불안은 뗄 수 없는 요소였지만 그 선택은 앞으로 나아갈 수 있는 씨앗이 되기도 했다.

철없는 사람, 편한 것만 찾으려는 사람, 인내라는 걸 모르는 사람, 남들 다 그렇게 사는데 혼자만 잘난 줄 아는 사람 등 수많은 핀잔을 들었지만 나는 확신한다.

하고 싶은 걸 선택하는 것이 되고 싶은 모습에 가까워지는 가장 빠른 길임을.

며칠 밤을 새워 기획서를 만들었다. 과정은 생각보다 쉬웠다. 어쨌든 기획서였으니까. 나에겐 공모전 기획과 다를 것이 없었다. 기획이라면 누구에게도 지지 않을 만큼 많이 해봤으니까.

기획서를 제출하고 발표를 하는 날, 이례적으로 많은 사람들이 내 발표를 들으러 왔다. 상무님이 있었고, 프로젝트를 맡은 팀의 모든 팀원들, AP팀(기획 전문팀, 전략 기획에 대한 업무를 중점적으로 맡아서 한다)의 팀장님과 부장님. 그리고 제작 부서 쪽 ECD님까지(각 팀의 CD를 총괄하는 지위). 발표를 끝내고 나니 ECD님이 딱 한마디의 피드백을 해주셨다.

"좋은 제작자를 만나면 좋은 기획자가 될 수 있는 그릇이다."

그 한마디로 많은 것들이 달라졌다. 그 이후에 나는 더 이상 인턴의 업무를 맡지 않게 되었다. 보조적인 업무야 당연히 했지만 현업의 일에 참여하게 된 것이다. 현업을 하다 보니 광고 업무의 특성상 야근을 하는 일이 많아졌고 일하는 시간이 늘어날수록 맡은 일도 늘어났다.

그렇게 3개월의 예정된 시간이 끝나자 뜻밖에 인턴 연장 제안이 들어왔다. 이번에는 회사에 소속된 정식 인턴을 해보자는 것이었다. 앞서 말한 것처럼 그전에는 코바코와 연계한 산학 프로그램으로 인턴을 한 것이었다. 월급도 회사가 아니라 코바코에서 받았다. 그런 나에게 정식 인턴이란 진짜 이 회사에 소속되어 일한다는 것을 의미했다. 신분은

내려놓는 것이 아니다.

여전히 미래가 보장되지 않은 미생이지만 의미는 달라졌다.

정식인턴을 2개월 더 하고 나니 채용될 기회가 찾아왔다. 이쯤에서 미리 고백하자면 나는 회사 생활에 능숙한 편은 결코 아니었다. 눈치가 빨랐던 것도 아니었고, 예의가 바른 편도 아니었다. 시키는 일을 곧이곧대로 하는 편도 아니었고, 그렇다고 참을성이 강한 편도 아니었다. 언제나 내가 납득이 되어야 일을 했고, 납득이 되지 않으면 납득이 될 때까지 물어보거나 스스로 원인을 찾았다.

할 말은 해야 했고, 아닌 건 아니라고 이야기해야 했다. 그래서 회사 안에서는 나를 탐탁지 않게 여기는 사람들도 많았다. 그건 당연할 수도 있다. 어찌 되었건 그들이 생각하는 말단의 범주에서 벗어나는 일을 자주 했었으니까.

하지만 자신 있게 말할 수 있는 것은 나는 누구보다 치열하게 광고를 했다.

회사를 다니면서 단 한 번도 업무를 쳐낸다고 생각한 적이 없었다. 내가 하고 싶은 광고를 하고 있다고 생각했고 실제로 하고 싶은 광고를 했다. 남이 시켜서 밤을 새는 것이 아니라 내가 필요하다고 생각되었기에 기꺼이 밤을 샜고, 주말에도 필요하다면 나와서 할 일을 했다. 그래서 적도 많았지만 내 편도 많이 생겼다.

나중에 들은 이야기인데 내 채용을 두고 말이 많았다고 한다. 찬성과 반대가 극명하게 나뉘었다고 한다. 그때 우리 팀장님이 힘을 많이 써주셨고 "현열이는 분명 문제가 많다. 모 아니면 도인 녀석이다. 나는 모라고 생각한다. 아니라면 모로 만들어보겠다"고 말씀했다고 들었다.

나는 절대 남에게 내세울 만한 인생을 살지 못했다. 방식도 태도도 절대 그러질 못했다. 하지만 든든한 뒷배가 없어도, 돈이나 학벌 등 가진 것이 없어도 나는 항상 내 식대로 살았다. 그 방식이 적을 만들어도, 나에게 손해를 끼쳐도 그렇게 살았다.

남의 눈치를 보며 남과 같이 살아야 한다는 생각에 불안한 적은 수없이 있었으나 그런 선택을 한 적은 없었다. 그 결과 돌아가더라도 결국 내가 원하는 지점으로 나아가고 있는 나를 발견했다. 너무나 당연한 이야기일지도 모른다. 하지만 살면서 깨달았다.

내가 원하는 모습을 그리고 그 모습대로 살면 그 모

습이 되진 못하더라라도 최소한 닮아는 간다.

한 시간이 넘는 면접자리에서 이 한마디를 사장님께 듣고 나는 광고계에 입성했다.

"제갈현열 씨는 광고를 하기 위해 태어난 사람 같습니다."

영어성적이 없어 입사가 힘들 거라던 내가 광고계에 입문했다. 학벌이 나빠 절대 안 된다던 내가 메이저 광고 기획사에 들어가게 되었다. 3개월짜리라는 시한부 선고를 들었던 미생이 어찌 되었건 완생이 된 것이다. 나중에 여러 인터뷰에서 그 비결이 무엇이었냐고 물을 때면 나는 항상 이렇게 대답했다

"그럴 만했습니다. 그럴 만하게 살았으니까요. 최고는 아니지만 유일했으니까요."

건방지게 들리겠지만 내가 이 과정을 완수할 수 있었던 이유다. 나는 절대 최고가 아니었다. 될 수도, 될 생각도 없었다. 하지만 내 주변에 어떠한 사람을 봐도 나와 같은 방식으로 광고를 꿈꾼 이는 없었다. 최고는 아니었지만 나는 유일했다. 그뿐이었다.

유일하다는 말은 결국 나답다는 말의 또 다른 표현이라 생

각한다. 나라는 사람을 알아가기 위해, 세워가기 위해 노력
하며 걷다 보니 유일함이란 가치가 생긴 것이다.

눈을 뜨고 있어도, 의미를 잃으면 보지 못하는 법이다

이따금씩 부품이 되고 있다는 생각이 들어요. 회사라는 거대한 엔진을 돌리는 하나의 부품이요. 사실 누구나 그렇듯 저 역시도 엔진을 꿈꿨어요. 근데 정신 차려보니 남의 엔진을 돌리는 작은 톱니바퀴가 되어 있더라고요. 허탈해지죠. 아무래도 그때는.

_ 애널리스트 S군과 나눈 대화

입사 제의를 여러 번 받았어요. 몇 번 사회생활이란 걸 경험하기도 했고요. 근데 그때마다 내가 느낀 건 회사생활로

사용하는 것이다

는 도저히 만족할 수 없다는 것이었어요. 사회는 모든 지위에 책임을 주고 그 책임만큼의 행동을 강요하니까요. 내가 하고 싶은 건 모든 책임을 내가 지고, 내게 허용된 모든 행동을 하는 것이에요. 리스크는 크지만 이익도 크죠. 가장 큰 이익은 내가 살아 있다는 생각이 드는 것이고요.

_ 한국의 미슐랭을 꿈꾸는 애플리케이션 제작자 K군과 나눈 대화

가장 좋아하는 영화 중 하나인 〈쇼생크 탈출〉에 이런 대사가 나온다.

감옥이 만든 벽에 평생을 갇혀 있다 보면 어느새 그 벽에 익숙해진다. 급기야는 그 벽에 의지하게 된다.

영화의 의도와는 다르게 조금 자의적으로 해석하면 사람의 삶도 이와 비슷하다는 생각이 든다. 저마다 자기가 살아온 삶이라는 벽에 갇혀 산다. 좋든 싫든 어느 순간 그 벽에 익숙해지고 급기야 그 벽에 의지하게 된다. 그리고 그 벽 밖의 공간이 두려워진다. 벽 밖의 세상이 아무리 좋아도 말이다.

소심하게 살아온 사람은 대범함을 두려워하고, 쉬지 않고 살아온 사람은 잠시 쉬는 것을 두려워하게 된다. 언뜻 부

내려놓는 것이 아니다,

정적인 것 같은 이 말은 달리 생각해보면 그런 두려움이 있었기에 자기의 모습을 지킬 수 있었는지도 모른다. 만약 지금까지 살아온 자신의 모습이, 그래서 그렇게 만든 벽이 마음에 든다면 벗어나기 싫다는 두려움이 지금 당신의 모습을 공고히 만든다는 뜻이다.

희망만이 앞으로 나아가게 하진 않는다. 때론 두려움이 나를 발전시킨다.

그토록 원했던 광고계에 입문했지만 회사생활은 순탄하지 못했다. 그리고 길지도 않았다. 대학교 가면 바뀔 것이다, 군대를 다녀오면 바뀔 것이다, 나이가 들면 바뀔 것이다, 사회생활을 하면 바뀔 것이라는 말을 항상 들었다. 그러나 나는 바뀌지 않았다.

더 정확한 표현으로는 주변에서 원하는 대로 바뀌진 않았다. 한 헤드헌팅 대표님은 "많이 꺾일 것이다. 그리고 부드러워질 것이다. 그렇게 어른이 되어갈 것이다"라고 했지만 나는 그러지 않았다. 여전히 나였고, 여전히 날것으로 남아 있다. 그래서인지 회사 생활이 순탄하지만은 않았다.

사람들과의 관계에는 문제가 없었다. 다행히 나를 좋아해주고 믿어주는 사람이 있었다. 나를 못마땅하게 여기는 사람들은 늘 그랬듯 신경 쓰지 않았다. 옳고 그름이 아니라 단지 거슬린다는 이유로 싫어하는 이들의 마음을 돌리는 법도 몰랐거니와 거기에 내 시간을 쓰고 싶지도 않았다.

업무에도 문제는 없었다. 이건 내가 지금까지 해왔던 일이니까, 내가 잘한다고 확신했던 일이니까, 다른 누구와 견주어봐도 일을 못한다고 생각한 적은 없었다. 남보다 빠르게 잘해냈다고 생각한다.

무엇보다 재미있었다. 내가 생각했던 광고 업무와 실제로 겪은 광고 업무는 다행히 비슷했다. 더욱이 광고 분야가 다양해서 늘 새로운 일들이 생겨났고, 그 일을 해나가는 과정에서 성취감이나 보람도 느꼈다. 대우가 나쁜 것도 아니었다. 박봉으로 유명한 광고계에서 그래도 여기는 대기업이기도 하거니와 기업 문화도 사람에 대한 배려가 있었다.

하고 싶을 일을 하고 있었고, 여건도 만족스러웠다. 지금도 광고회사에 다니던 때를 생각하면 '참 좋았다'고 말한다. 그만큼 가치 있는 일이었다는 생각은 지금도 변함이 없다.

문제는 전혀 엉뚱한 곳에서 생겼다. 바로 내 마음이었다.

내려놓는 것이 아니다.

당시 내 생활은 누가 보더라도 열심히 산다고 했을 것이다. 늘 해야 될 기획 업무는 잔뜩 있었고, 야근을 하는 일도 허다했다. 평균 퇴근 시간은 10시를 넘었다. 촬영이나 비딩이 잡혀 있는 날에는 주말에도 심심치 않게 출근했다. 분명 시간을 굉장히 바삐 쓰고 있었다.

그렇게 여느 때처럼 야근을 마치고 새벽이 다 되어 돌아오는 어느 날, 갑자기 머릿속에서 이런 생각이 스쳐 지나갔다

'내 인생에서 이렇게 나태하게 살던 적이 있었던가.'

나태라는 단어가 머리를 스치고 지나갔다. 내 생활을 보면 누구도 생각하지 못할 단어였다. 하지만 이 단어는 나를 스쳐가지 않고 한동안 머물러 있었다. 그리고 난 이 질문에 차마 아니라고 대답할 수 없었다. 나태하지 않다고, 지금 열심히 살고 있다고 대답을 할 수 없었다. 대학 시절에는 전혀 생각하지 못한 나태함이란 단어가 나를 괴롭혔다.

그 시절에는 광고를 하면서, 공부를 하고, 공익을 생각하고, 세상을 보며 살았다. 돌이켜보면 광고라는 범주 안에서 그걸 잘하기 위해 정말 여러 가지 활동을 했다. 하지만 지금은 말 그대로 광고만 하고 있었다. 늘 새로운 일이라곤 하지

만 그 안에는 일정한 과정이 정해져 있었다. 그리고 일정한 범주 안의 광고만 하고 있었다.

솔직하게 이야기하면 그 광고 역시 남들이 정해놓은 마감이란 시간 안에 맞춰서 하고 있었다. 더 일찍 끝낼 수도 있지만 아무도 그렇게 하지 않았기에 나도 어느 순간 업무량과 속도를 마감에 맞추고 있었다. 그렇게 내 시간이 남들과 같은 속도로 흘러가고 있었다. 내 시간이 느려지고 있었다. 느려졌다는 것 그 자체가 내겐 나태함이었다. 남들도 그렇게 하니깐 나도 그렇게 한다는 말은 핑계일 뿐이다. 여기에 내가 느낀 두 번째 감정이 떠올랐다.

내가 이렇게 주도적이지 못한 적이 있었는가?

공모전을 준비할 때 광고는 혼자 하는 일이었다. 내가 주제를 정하고, 기획을 하고, 제작을 하고, PT를 했다. 모든 것을 혼자 결정하고 진행했다. 그러니 당연히 모든 일의 속도와 양은 내가 결정했다.

하지만 회사에서는 그러지 못했다. 회사에서 광고는 혼자 하는 일이 아니었다. 하나의 광고를 만들기 위해 몇십, 몇백의 사람들이 관여하고 있었다. 기획의 틀을 잡는 팀, 기획

내려놓는 것이 아니다.

을 실제로 하는 팀, 제작을 구상하는 팀, 실제로 제작을 하는 팀, 그리고 PT를 하는 사람까지 모든 것이 분업화되어 있었다. 그렇게 다양한 각 팀들이 서로 유기적으로 작용하며 광고를 만들었다.

각 팀은 모두 저마다의 속도가 있었고, 어느 한 팀이 속도를 조절하지 못하면 이는 곧 불협화음으로 이어진다. 나는 그 많은 팀 중에 기획의 틀을 잡고 전체를 구상하는 팀의 팀원일 뿐이었고, 그 팀원 중에도 가장 직급이 낮았다. 업무량이 많다지만 내가 하는 일은 광고라는 거대한 작업 가운데 아주 작은 파트일 뿐이었다.

우리 회사는 모든 이의 의견을 잘 수렴하고 각자가 자기 목소리를 낼 수 있는 기회를 주는 회사였지만 회사라는 구조 자체가 가진 한계는 분명 있었다. 혼자 했던 나에게, 그래서 혼자 하는 것이 익숙한 나에게 회사에서의 광고는 혼자 하는 일이 아니었다. 다 같이 하는 일이었다. 내가 주도적일 수 없는, 다 같이 해야 하는 일이었다. 그런 생각들이 머릿속에서 부딪치고 마찰을 일으키는 사이 다시 나에게 물었다.

이것으로 만족하는가? 내가 원하는 삶이 이 길 끝에

있다고 확신하는가?

　지금까지의 내 삶과는 너무나 다른 지금의 삶이 보였다. 그 때문에 지금까지 살아온 내 삶이란 벽이 더욱 높고 크게 느껴졌다. 그리고 나 역시도 어느새 그 벽에 의지하게 되었는지, 그 벽 너머의 삶이 두려워졌다. 그 두려움을 피하기 위해 나는 회사를 다니며 책을 쓰게 되었다.

내려놓는 것이 아니다.

나는 과거로 현재를 개척하며 살고있다

지금까지 잘했기 때문에, 앞으로도 잘할 수 있다고 생각합니다. 만약 지금까지 잘하지 못했다면 지금부터라도 잘하기 위해 노력하세요. 당장은 아무런 확신도 들지 않을 것입니다. 하지만 지금부터 하다 보면 미래의 어느 순간 어떤 일을 마주하더라도 잘할 것이란 확신이 들 것입니다. 명심하세요. 현재는 과거를 살아온 경험의 결과라는 것을.

_ 장애를 극복하고 성공한 CEO의 반열에 오른 명사의 강연 내용 중

불만을 해결하는 가장 나쁜 방법은 남 탓을 하는 거라 생각해요. 남 탓이 위로는 돼도 해결책이 될 수는 없으니까요. 자기가 느낀 불만이라면 결국 해결하는 것도 자신의 행동이라고 생각해요. 내가 움직이지 않으면 내 세상은 절대로 변하지 않으니까요. 전 탓하지 않아요. 신을 찾지도 않아요. 신이 마음을 편하게 만들어줄 순 있어도 절대로 현실을 바꿔주진 않으니까요.

_ 무신론자임을 유독 강조한 배달전문점 사장 K군과 술자리에서 나눈 대화

내가 좋아하는 내 모습 중 하나는 남 탓을 하지 않는 것이다. 남 탓을 해버리면 마음은 편해져도 앞으로 나아갈 수 없다. 학벌 때문에 공모전에서 불이익을 받을 때에도 나는 그 공모전을 탓하지 않았다. 불리한 싸움터인 줄 모르고 도전한 나 자신의 무지를 탓했다.

아프리카 슬럼가에 가족사진을 찍어주러 갔다 강도를 만나 모든 것을 잃었을 때에도 그 강도를 탓하지 않았다. 배고픈 고양이 앞에 생선을 맡겨놨다면 생선을 맡긴 사람의 잘못이듯 내가 좀더 조심하고 카메라를 숨겼거나 좀더 가난한 복

내려놓는 것이 아니다,

장으로 갔다면 그런 일이 없었을 것이라고 나 자신을 탓했다.

남 탓을 할 시간이 있으면 먼저 자신의 행동을 바꿀 수 있는가를 고민하는 것이 낫다.

나태함과 주도적이지 못함을 느꼈던 그날에도 나는 누군가를 탓하지 않았다. 회사라서 어쩔 수 없다, 광고라는 게 그런 거니 어쩔 수 없다는 생각은 하지 않았다. 다만 이대로 지내는 것이 두려웠다. 이 모습에 익숙해질까 봐, 결국 이 모습이 미래의 내 모습이 될까 두려웠다.

그래서 고민했다. 두렵지 않기 위해 말이다. 지금 이런 상황에서 내가 나태함을 느끼지 않을 수 있고, 다시 주도적으로 할 수 있는 일들은 무엇이 있을까? 그때서야 예전부터 생각하고 있었던, 어쩌면 바쁘다는 이유로 잠시 잊고 있었던 것이 생각났다. 나는 의미 있는 이야기를 하는 것을 좋아한다. 광고도 그렇다고 믿었기에 좋아했다.

그전부터 내가 하고 싶었던 이야기가 있었다. 대한민국 국민 70%가 가지고 있는 문제점, 학벌에 대한 이야기였다. 사회와 세상은 괜찮다고, 힘내라고 온갖 말로 청춘을 달래고 있지만 현실은 말과 마음만으로 되는 것은 아니라는 생각이 들었다.

　내가 꼬여 있어서 이런 생각을 하는지도 모르지만 괜찮다고, 힘내라고, 청춘이라고, 학벌에 아파하는 이들에게 외치지만 그 말을 하는 사람 중 명문대를 나오지 않은 사람은 없었다.

　좋은 대학에, 때론 금수저까지 물고 성공의 가도를 달려온 사람들이 이제 와서 가지지 못한 청춘들을 위로하는 모습이 싫었다. 무엇보다 그 위로를 받고 다시 마음을 잡지만 이내 현실의 벽 앞에서 헤매는 청춘들 때문에 마음이 아팠다.

　그렇기에 아무것도 가지지 못했던 내가 할 수 있는 이야기가 있을 것이란 생각이 들었다. 그렇게 나는 내 생애 처음으로 책을 쓰게 되었다.

　학벌에 대한 솔직한 이야기를 하고 싶었다. 힐링보다는 비판과 현실 직시에 대한 이야기 말이다. 책을 쓰기 전에 출판사를 정하는 데 그런 생각이 들었다. 이왕 킬링 서적을 낼 거면 당대 최고의 힐링 서적을 낸 출판사에서 내보자고. 이것이 제시하는 의미 역시 있을 것이란 생각이 들었다. 그래서 아프니까 잠시 멈춰야 보인다는 그 유명한 힐링 서적 2권을 연달아 히트시킨 출판사를 목표로 잡았다.

하지만 출판에 대해 문외한이었던 내가, 아직 제대로 된 글을 써본 적도 검증받아 본 적도 없는 내가 대형 출판사와 계약할 수 있을지가 의문이었다. 글을 쓰기 시작하면서 어떻게 하면 그 출판사를 설득시킬 수 있을지를 고민하다 '설득'이란 단어에서 답을 찾았다.

어차피 설득해야 하는 일이라면 그건 기획과 다를 것이 없다. 내가 출판은 모르지만 기획만큼은 누구보다 잘할 자신이 있다. 출판에 기획서라는 것이 있을까? 책을 내기 전 작가가 직접 출판 기획서를 만들어 출판사를 설득한 적이 있었을까?

출판 기획서를 만들어보자는 생각이 들었다. 그 기획서에 왜 이 책을 만들어야 하는지와 어떻게 이 책을 만들 건지에 대한 이야기 그리고 이 책이 어떠한 효과와 이익을 가져다 줄지에 대한 이야기를 담아서 설득해보자. 정공법으로 부딪친다면 불리한 싸움터지만 싸움터를 기획으로 가져올 수 있다면 분명 나에게도 승산이 있을 것이란 생각이 들었다.

그런 생각으로 출판 기획서를 만들기 시작했다. 그리고 여러 가지 우여곡절 끝에 결국 처음 생각했던 그 출판사와 출판계약을 하게 되었다. 나중에 들은 이야기이지만 출판업을 하면서 출판 기획서를 가지고 와 설득했던 경우는 우리가(첫 책은 함께 썼다. 나와 비슷한 길을 걸었던 어느 형과 함께) 처음이라는 이야기를 들었다.

눈앞에 벽이 있어 다음 길이 보이지 않을 때가 있다. 하지만 그 벽은 생각보다 두껍지 않다. 그 벽을 부술 수 있는 곡괭이는 누군가의 위로나 도움이 아니라 지금까지 살아온 세월로부터 만들어진다. 그 세월이 자기다웠다면 대부분의 문제는 자기답게 해결할 수 있다고 나는 믿는다.

한 해에 2,000권이 넘는 책이 쏟아져 정말 아무것도 아닌 것이 출판인지도 몰라도 처음 나는 두렵지 않기 위해 이 길을 택했다. 이 길을 택하며 벽을 느꼈고 그것을 내 삶에서 얻은 곡괭이로 부쉈다. 두렵다는 것은 벽이 있다는 것은 그래서 나에겐 다시 나아갈 수 있는 힘일지도 모른다. 그것을 안 것만으로도 출판은 나에게 충분히 의미가 있었다.

나의 길은 감정을 극복하고 내가 만든 과거를 개척하

내려놓는 것이 아니다.

는 것이다.

책을 내고 나니 이번에 중요한 건 마케팅이었다. 순수한 글쟁이가 아닌지라 일단 책을 냈다면 많은 사람들이 읽는 것이 중요하다고 생각했다. 일기를 쓰거나 혼잣말을 한 것이 아니니 누군가는 읽고 누군가는 들어야 한다고 생각했다.

보통 작가의 경우 글만 쓰면 나머지 것들은 출판사에서 도맡아 진행해준다. 하지만 나는 광고회사에 다니고 있었고 내가 늘 하는 일은 제품을 홍보하고 판매하는 전략을 세우는 것이었다. 금상첨화로 나와 같이 글을 쓴 형은 외국계 홍보대행사에서 일하고 있었다.

광고와 홍보, 두 분야에서 나름대로 자기 길을 걸어와서인지 작가라고 해서 손 놓고 있을 이유가 없다고 생각했다. 마케팅에 대해 적극적으로 피드백했다. 우리가 만들 수 있는 것은 만들고 제안할 것은 제안했다. 표지부터 디자인까지 책의 거의 대부분의 영역에 관여했다.

첫 책을 담당했던 분은 출판 이야기를 포털 사이트에 연재하고 있었는데 우리를 다음과 같이 표현했다고 한다.

보통 저자는 피드백이 느리고 대부분의 일을 우리에게 전담시킨다. 하지만 이 작가들은 아침에 피드백을 요청하면 그날 저녁에 답이 오고, 거의 모든 분야에 대해 집요하게 관여했고 도움을 주었다. 내 인생에 만났던 가장 '악독한' 작가들이었다.

책을 출판하면서 여러 가지를 배우고 느낄 수 있었다. 정답은 아닐지라도 내 이야기가 누군가에게 도움이 되는 것을 보며 큰 보람을 느꼈고, 역시나 이야기를 전하는 것이 내게 의미 있는 일이라는 확신도 가질 수 있었다.

무엇보다 첫 책이 내게 의미 있는 이유는 책을 쓰고 출간하면서 내가 나태해졌다거나 지금의 내 모습이 내가 원하는 모습이 아니라는 두려움에서 해방되었기 때문이다. 그 고마움은 나를 다시 전진할 수 있게 해주었다.

아직은 멈추지 말자, 아직은 만족하지 말자. 이렇게 계속 내가 하고 싶은 것을 하자.

내려놓는 것이 아니다.

틀림의
진짜 뜻은
멈춤이 아니라
재시작이다

　　　　　　잘못 자체에는 아무런 잘못이 없다
고 생각해요. 누구나 실수할 수 있죠. 사람이니까 실수하는
거죠. 다만 자신의 잘못을 깨달은 순간이 중요해요. 대부분
합리화거나 외면하죠. 진짜 잘못은 그 부분이에요. 잘못을 마
주하는 순간 그걸 인정하고 고치려고 노력해야 발전한다고
생각해요.

_ D기업에 다니는 K군과 술자리에서 나눈 대화

　자신이 항상 옳다고 말하는 사람을 전 신뢰하지 않습니다.

그런 사람은 둘 중 하나입니다. 지독한 사기꾼이거나 지나치게 자신을 과시하는 사람이거나. 저는 사람의 실수를 보지 않고, 실수를 했을 때 그 사람의 태도를 보려 노력합니다. 그 태도에 그 사람의 모습이 있고, 그 사람의 미래가 있다고 생각합니다.

_ H그룹 인사 팀장과의 대화 중

자신의 길을 걷는다고 늘 옳은 선택을 할 수 있는 것은 아니다. 불안하다고 해서 나아갔던 길이 늘 옳은 것도 아니다. 생각과 다른 결과를 얻거나 도착하고 나서야 잘못되었음을 깨달을 때도 있다. 중요한 것은 다음이다. 그걸 깨달았을 때 어떤 선택을 하느냐가 나를 만든다. 잘못을 외면하면 잘못 꿴 첫 단추처럼 잘못된 길이 이어진다. 잠시 돌아가더라도 그 자리에서 잘못을 바로잡기 위해 노력하는 것 그것만으로도 충분히 옳은 내가 만들어진다.

당연한 이야기이지만 나는 영웅이 아니다. 대부분의 사람이 그러하듯 나 역시도 영웅이 아니다. 어렸을 적 《삼국지》를 읽을 때에도, 만화책이나 영화 속 영웅을 마주할 때에도 내가

내려놓는 것이 아니다.

느낀 영웅의 특별한 힘은 '한결같음'이다. 고난을 겪어도 고뇌하지 않는 모습, 언제나 자기가 믿는 신념에 따라 행동하는 모습, 그리고 그 모습을 빛나게 만들어줄 다양한 극적 상황까지, 영웅은 고뇌하지 않는다. 그래서 한결같을 수 있다.

하지만 난 아니었다. 늘 고민했고, 늘 내가 정한 모습과 맞지 않는 현재의 나를 발견해야 했다. 그때마다 괴리감을 느꼈다. 늘 실수투성이였지만 다행인 건 그런 괴리감을 마주했을 때 최소한 도망치지 않을 용기는 있었던 것이다. 그 용기가 생각지도 못한 다음을 만들었다.

책을 출간한 후 다행히도 많은 사람들이 좋아해줬다. 수많은 인터뷰를 했고, 강연도 다녔다. 아픈 것을 당연하게 여기지 말라 이야기했고, 아플 만하게 살아온 자기 삶을 반성하라고 독설했다.

한 번도 뛰지 못한 채 늘 멈춰 있던 사람에게는 멈춰야 비로소 보이는 것들은 보이지 않는다고 이야기했다. 그렇게 나는 책에 쓴 내용처럼 많은 청춘들에게 스스로 변해야 함을 주장했다. 어리광을 부린다고 토닥여줄 만큼 내가 겪은 사회는 녹록지 않았다고 믿었기 때문에 나는 토닥임보다는 채찍질을 했다.

그런데 책에서도, 말에서도, 자기를 탓하라고 독설을 할수록, 그런 이야기들이 여러 사람들에게 전해질수록 오히려 괴리감이 느껴졌다. 내 말에 맞다고 생각했다. 그럼에도 불구하고 한 가지 질문이 나를 괴롭혔다.

정말 청춘만 잘못한 것일까? 그래서 기성 사회는 정말 책임이 없는 것일까?

나는 양비론을 좋아하지 않는다. 제대로 쓰지 못한 양비론은 우유부단함으로 이어지게 마련이고 제대로 양비론을 쓰기에 나는 아직 깊이가 한참 모자란다. 그래서 사회가 잘못이다, 자신이 잘못이다 중 하나를 선택해야 한다면 나는 후자를 선택해야 한다고 믿었다.

초를 세우고 제갈량과 법정이 새 나라의 법을 세우는데 그 법이 준엄하기 이를 데 없었다. 유비는 법이 너무나 가혹하다 말했다. 한 고조는 진이 끝나고 한나라를 세울 때 법을 단 3장으로 줄여 백성이 그 덕을 칭송했다며 이와 반대의 모습을 보이는 것이 걱정된다고 이야기했다. 이에 제갈량은 이렇게 이야기했다.

내려놓는 것이 아니다.

'진은 그 법이 너무 준엄하고 잔학하여 나라가 망했습니다. 이에 한은 그 법을 너그럽게 만들어 새 나라의 기틀을 다졌지요. 하지만 그 한은 법의 너그러움이 나태함으로 떨어져 망조의 길을 걷고 있지 않습니까? 또한 이곳 익주도 법치가 무너졌기에 나라가 망한 것입니다. 이 경우라면 새 나라를 세울 때에는 우선 무너진 법부터 일으키는 것이 도리입니다. 그렇게 순환하는 것입니다.'

시대에 절대적인 규칙이 있는 것이 아니다. 전대를 거울 삼아 현재를 설계해야 함을 강조한 이 일화처럼 당시 넘쳐나는 힐링과 근거 없는 위로들 속에서 한번쯤은 책임을 냉정하게 자신에게 둘 필요가 있다고 생각했다. 그런 의미로 책을 썼다.

나 자신도 분명히 알고 있었던 것이지만 절대로 사회에 책임이 없는 것은 아니라고 생각했다. 학벌에 의한 차이를 사회는 정확하게 형평의 기준으로 평가 내리는 것이 아니라 이미 차별의 기준으로 사용하는 경우도 분명히 존재했다. 그 때문에 너무나 많은 사람들이 도전할 수 있는 기회조차 박탈당한 것도 사실이었다.

그때 나는 내가 말하는 독설과 인정할 수밖에 없었던 불평등한 현실의 차이를 극명하게 느꼈고 이는 괴리감으로 이어질 수밖에 없었다. 그렇다고 청춘에게 사회를 바꾸자, 나와서 데모를 하라는 식의 이야기를 할 순 없었다. 그럴 힘도 없었거니와 그건 선동에 불과하다고 생각했다.

그때 문득 이런 생각이 들었다. 그럼 우리라도 뭔가 해야 되질 않을까? 기성세대도, 그렇다고 청춘도 되지 못한 과도기에 있는 우리 같은 사람들이라도 뭔가를 해야 되지 않을까? 뒤로 돌아서선 청춘들에게 더 움직이고 더 발전하라고 고함을 치더라도, 앞으로 돌아선 최소한 이미 앞서간 기성세대에게 당신도 옳지 않다고, 당신들 역시 후대의 청춘들을 위해 바뀌어야 한다고 성난 목소리라도 내야 한다는 생각이 들었다.

힘없는 약자가 세상을 향해 소리치는 방법으로 내가 알고, 또한 할 줄 아는 것은, 그 세상의 최고를 만나 이야기하는 것밖에 없었다. 책에서 했던 가장 큰 이야기는 결국 학벌에 대한 이야기, 그리고 사회 진출에 대한 이야기였다.

학벌에 대한 최고는 누굴까, 나아감에 대한 최고는 누굴까,

내려놓는 것이 아니다.

단순하게 보자면 학벌은 교과부의 교육과정이 만든 부산물이었고, 나아감은 취업과 사회생활을 담당하는 노동부 담당이란 생각이 들었다.

그럼 여기에 최고 지위의 사람을 만나보자. 그들에게 최소한 학벌 없는 이들이 겪어야 하는 실상을, 그 실상을 겪어본 사람의 입을 통해 전해주자. 바꿔야 한다는 말을 가감 없이 진실하게 전하기라도 해보자. 아무 효과가 없더라도 최소한 그런 외침 정도는 해보자.

그건 지금 내 또래가 해야 할 일이자, 청춘에게 독설 어린 책을 쓴 작가가 가져야 할 최소한의 책임이라는 생각이 들었다. 그렇게 교과부 장관, 노동부 장관을 만났다. 그것도 독대로.

장관을 만나겠다고 이야기를 하니 모두가 말도 안 되는 소리라고 일축했다. 연줄도 힘도 없는데 한 나라의 장관을 그것도 고작 그런 이야기를 듣자고 따로 만나줄 것 같냐며 부정적인 반응을 보였다. 고작 그런 이야기라고 했던 그 사람의 말이 사실 참 아팠다. 가진 자에겐 못 가진 자의 말이 고작이라 표현될 수도 있다는 것을 처음 느꼈다.

하지만 만났다. 어떤 행동을 했기 때문에 만날 수 있었던 것은 아니었다. 그랬다면 좀더 드라마틱했겠지만 나는 영웅도 아니고, 극적인 상황도 만들어지지 않았다. 그저 진심을 다해 우리가 하고자 하는 이야기를 전달했고, 그 결과 그리 어렵지 않게 두 장관님을 차례로 독대할 수 있었다.

만나서 이야기를 했다. 이미 잘 알고 있을 문제지만 그 문제를 이미 겪은 자의 입을 통해서 생생한 실상을 전하는 것은 의미가 있는 일이라 생각했다.

그렇게 장관을 만나고 돌아오는 길에, 나 자신에 대한 한심한 자위행위라고 할지라도, 마음 한 켠이 가벼워졌다. 적어도 누군가에게 책임을 운운하며 독설하는 책을 낸 사람으로서 최소한의 책임은 지고 있다는 생각이 들었다.

잘못은 누구나 할 수 있는 흔한 일이다. 하지만 그 잘못을 마주할 수 있는 사람은 흔하지 않다. 그 흔하지 않음이 있을 때, 흔한 잘못을 수없이 만나도 사람은 나아갈 수 있다. 그렇게 수정하고 고쳐나가면 상처투성이일지라도 제법 훌륭한 나의 길이 만들어진다.

내려놓는 것이 아니다,

마지막
어두움은
나도 어찌할 수
없었다

나는 회사의 이익을 대변해야 하기
에 최대한 회사에 유리하게 해석합니다. 그런데 아무래도
가지고 있는 정보의 양이나 경험적인 면에서 우리가 유리할
수밖에 없습니다. 그리고 그 이면에는 속이진 않았으나 자
세히 알려주지 않은 우리의 침묵이 있기도 합니다. 제대로
알려고 하지 않은 고객의 잘못이라 생각하는 이 묵시적 거
짓말이 정당한 것인지 솔직히 의문입니다. 그리고 그런 일
을 겪을 때면 지금 내가 하는 이 일이 우리 회사의 광고에 나
오는 연예인들의 밝은 미소와 교차되며 회의감이 들 때가

사용하는 것이다

있습니다.

_ 이니셜도 밝히지 말아 달라던, 보험회사에 다니는 동생과 나눈 대화

이 일이 적성에 맞지 않다고 생각한 적이 한두 번이 아니에요. 부모님은 공부를 못한다고 혼낸 적은 단 한 번도 없지만 사람에게 예의 없이 굴거나 거짓말을 하면 불같이 화를 내셨어요. 그래서 전 남에게 이기는 법보다 남에게 미움 받지 않는 법을 먼저 배우며 자랐어요. 근데 사회는 갑을 관계더라고요. 차라리 우리가 갑이면 마음이라도 편하겠는데 우리는 을이에요. 근데 우리 밑에는 병이 있고 또 정이 있어요. 위에서 기한을 가지고 닦달하면 우리도 어쩔 수 없이 우리 밑의 하청을 닦달해야 되요. 쪼아야 잘 나온다면서. 그럴 때마다 너무 괴로워요. 얼마나 잘 쪼느냐, 그래서 얼마나 사고 없이 잘 처리하느냐가 능력평가의 기준이 되다 보니, 결국 능력 있는 악마가 되거나 무능력한 호구가 되거나 둘 중 하나인 거 같아요.

_ 대행사에서 근무하는 K군과 술자리에서 나눈 대화

내려놓는 것이 아니다,

지금 사회는 얼마나 정정당당할까? 구태여 정의를 찾지 않더라도 사회는 얼마나 합리적일까? 합리라는 단어는 그 글자를 그대로 따져보면 이치에 맞게 행동한다는 뜻이다. 하지만 때때로 사회는 합리라는 단어를 최대 이윤을 내는 방식으로 사용하곤 한다. 그래서 불법이 아니라면 다른 누군가에게 피해를 주더라도, 자신의 최고 이익을 만들 수 있는 방식을 아무렇지 않게 사용하곤 한다. 합리적인 이윤 추구라는 변명 아래 말이다. 그리고 그것을 실행하는 사람은 언제나 그 안에 살고 있는 개개인들의 손이다. 그들은 처음엔 양심과 부딪치며 괴로워하지만 이내 타협하게 되고 나중에는 아무런 감흥 없이 익숙한 듯 그런 일을 해나간다. 그렇게 사회가 굴러간다.

　무엇이 옳은지에 대한 이야기는 하지 않겠다. 다만 나는 그런 순간이 왔을 때 쉽게 타협하지 못했다는 이야기를 하고 싶다. 그렇다고 쉽게 저항하지도 못했다. 그렇게 내 마지막 불안감이 찾아왔다.

　"광고는 사기입니다. 그것도 합법적으로 치는 사기지요. 세상에 신용카드를 쓴다고 어떻게 부자가 됩니까? 캔 커피

하나를 마신다고 어떻게 사랑이 이루어집니까? 울적할 때 탄산음료 하나를 마신다고 어떻게 갑자기 행복해집니까? 그래도 광고는 그렇게 할 수 있다고 말합니다. 그래서 사기입니다. 다만 그 사기를 당하는 누구도 불행해지지 않는다는 특징이 있습니다. 아주 잠깐이지만 미소를 짓게 만들고 아주 잠깐이지만 즐거운 상상을 하게 만듭니다. 그래서 광고는 사람을 기분 좋게 만드는 합법적인 사기입니다. 그래서 광고가 좋습니다."

면접자리에서 광고가 무엇이라고 생각하냐는 질문에 내가 했던 대답이다. 정말 나는 광고를 이렇게 생각했다. 광고는 자본주의의 꽃이라고 생각했다. 그런 광고이기에, 가장 중요한 것은 멋지고 좋은 광고를 만드는 것이 아니라 잘 팔리는 광고를 만들어야 한다고 생각했다.

적게는 수십에서 많게는 수백 억이 드는 것이 광고다. 그 돈은 광고주에게서 나온다. 결국 남의 돈을 빌려 작업하는 것이 광고다. 그렇기에 당연히 광고는 그 돈을 빌려준 광고주에게 이익을 줘야 한다고 생각했다. 그럼에도 불구하고 언제나 전제는 '누구에게도 피해를 주지 않는'이어야 한다

내려놓는 것이 아니다,

고 생각했다. 돌아보면 안일했다. 그것이 얼마나 힘든 일인
지를 몰랐다.

내가 우리 회사에 대해 좋아했던 많은 것들 중 하나는 대
부업 광고는 하지 않는다는 방침이었다. 대부업은 광고계의
가장 큰손 중 하나다. 대부업 광고 하나만 잘 물어도(?) 어지
간한 회사의 1년 수익이 보장될 정도다.

하지만 최소한의 도의를 지키는 듯 우리 회사는 대부업 광
고만은 수주받지 않았다. 나는 그런 회사가 좋았다. 그럼에
도 불구하고 단순히 특정 품목을 하지 않는다고 항상 모두
에게 피해를 주지 않는 광고 행위가 가능한 것은 아니었다.

지금부터의 내 이야기는 굉장히 조심스럽다. 미리 이야기
하지만 오로지 내가 느끼고, 내가 생각했던 것에 기준하여
이번만큼은 어느 때보다 철저하게 내 시각에서 바라본 이야
기만 하고자 한다. 그래서 미리 이야기한다. 내가 틀릴 수도
있고, 내가 잘못된 생각을 가졌을지도 모른다.

당시 우리 팀이 담당했던 광고 중 하나는 아웃도어 브랜
드였다. 하반기 예산은 70억 원 정도로 그리 많은 편은 아니
었지만 처음 계약한 광고주기 때문에 어느 때보다 세심하게

광고를 준비했다.

광고 회사에서 가장 중요하게 여기는 날은 경쟁 PT 날과 시사 날이다. 경쟁 PT는 해당 광고주를 어느 회사가 차지할지가 결정되는 날로 PT를 피(P)가 터(T)진다고 표현할 만큼 치열하고 다른 어느 날보다 중요하다. ·

그렇게 PT에서 이겨 광고를 따내면 최종적으로 광고 작업이 마무리되는 날이 시사 날이다. 최고 결정권자에게 만든 결과물을 보여주고 여기서 진행 사인이 떨어지면 그간 했던 광고 작업이 일단 마무리된다. 반대로 이날 많은 지적 사항이 나오면 다시 같은 과정을 반복하고 수정해야 하기 때문에 이날도 PT 못지않게 중요한 날이다.

시사 날 해당 아웃도어 브랜드의 본사를 방문하며 본사 앞에 설치된 수많은 텐트를 보았다. 처음에는 아웃도어 브랜드답게 외부 장식을 그렇게 해놓았나 했는데 가만히 보니 아니었다. 그 안에 사람들이 있었다. 내 어머니뻘로 보이는 수많은 아주머니들이 있었다. 본사 분위기는 살벌했다. 수많은 대자보가 붙어 있었고 정문에는 사설 경비 업체에서 파견된 직원들이 다른 이들의 출입을 통제하고 있었다.

내려놓는 것이 아니다.

아직 발표 시간이 남아 다른 팀원들이 마지막 점검을 하고 있을 때, 나는 그 아주머니들에게 다가가 자초지정을 물어봤다. 회사의 규모가 커져 생산량을 맞추기 위해 중국으로 공장을 옮겼고 그 과정에서 한국의 공장에서 근무하던 이들이 대량 정리해고되었다는 이야기를 들었다. 그 안에는 20년 넘게 회사에 운동화를 만들던 사람도, 회사 설립 때부터 일한 사람도 있었다. 그런 사람들이 어떠한 조치도 없이 하루아침에 일자리를 잃고 길거리로 나앉은 것이다.

극단적인 표현이라도 어쩔 수 없다. 내가 느끼기엔 그랬다. 그들은 버려졌다.

아직 한 번도 사장을 만나지 못했다는 말과 함께, 저기 앞에 있는 경비업체 사람들 때문에 회사 안에 들어가진 못하고 이렇게 밖에서 텐트를 치고 농성하고 있다는 말을 들었다.

시사 시간이 다 되어서 모두가 올라갈 때 가장 먼저 올라가서 가장 많은 것을 준비해야 할 신입사원인 나는 올라가지 않겠다고 말씀드렸다. 정확하게는 올라가지 못하겠다고 말씀드렸다. 그 사장과 마주하여 웃으면서 우리 광고를 소개하고 팔 자신이 없었기 때문이다. 내가 그 역할을 하지 않더라도 억지로 만든 화기애애한 분위기 속에서 그 사장의 눈치를 살피며 OK 승인을 기다릴 자신이 없었다.

하반기 광고비 70억 원은 절대 큰 비용이 아니다. 더욱이 효과가 보장된 비용은 더더욱 아니다. 그래서 흔히들 광고비의 70%는 길거리에 뿌리는 돈이라고도 한다. 이 아웃도어 브랜드가 하반기에 광고비로 쓰기로 한 그 돈은 마케팅의 관점에서 보자면 적은 돈이다.

그것도 효과를 장담할 수 없는 곳에 쓰는 돈이다. 하지만 그 돈은 여기 있는 사람들 모두의 몇 년치 연봉이 넘을 것이다. 여기 있는 사람들의 부탁을 들어줄 수 있는 돈일 것이고, 이들이 피하려고 비겁하게 뒷문으로 출퇴근하는 사장의 모습을 만들지 않아도 될 정도의 돈이다.

누가 잘못했는지 감히 판단하진 않았다. 잘잘못을 판단할 만큼 알지는 못하지만 한눈에도 누가 약자인지는 보였다. 그 약자들이 지나지 못하는 정문을 당당히 들어가 70억을 쓰라고 설득해야 하는 우리들의 모습도 보였다.

혼란스러웠다. 무엇보다 혼란스러웠던 것은 불과 얼마 전에 장관님을 만나 채용의 기회와 형평에 대해 말하던 나의

내려놓는 것이 아니다,

모습과 지금 시사를 준비하러 올라가야 하는 내 모습 사이에 엄청난 괴리감이 보였다.

"광고는 누구에게 피해를 끼치지 않으며 사람을 기분 좋게 만드는 합법적인 사기 행위입니다."

이 말이 귓가에 맴돌았다. 내가 했던 그 말이 내 귓가에 맴돌았다. 마치 이제 현실을 알라고 비웃는 것처럼 한동안 내 귓가에 맴돌았다. 물론 광고를 하려고 그 사람들을 정리해고한 것은 아니지만 그 사람들을 구제하기 위해 광고를 하지 않을 것도 아니었다.

이 둘은 분명 상관관계가 없는 일이다. 하지만 고객들을 불행하게 만드는 대부업은 하지 않겠다고 말했던 내가 고객보다 소중히 여겨야 할 사람들을 내치는 회사의 광고는 괜찮다고 생각하는 것 역시 분명 모순이었다. 그때 내가 마주했던 사회의 한 단면에서 나는 그 이후로 한참을 서성여야 했다.

누구보다 하고 싶은 일을 한다면서, 누구보다 하고 싶은 걸 못하는 삶

고등학교 때 수학시험과 비슷하다고 생각하면 돼요. 막히는 문제가 있으면 다음 문제를 풀죠. 하지만 다른 문제를 전부 풀면 결국 막힌 그 문제로 돌아와야 해요. 그 문제를 풀어야만 시험이 끝나는 거죠. 오답인지 정답인지는 중요하지 않아요. 중요한 건 풀지 못해 지나갔던 문제를 언젠가는 다시 만난다는 거죠. 그리고 어찌 되었건 결론을 내려야 다음 장으로 넘어갈 수 있는 거죠.

_ 내부 부조리 신고 후 퇴사한 H기업 K군과 술자리에서 나눈 대화

내려놓는 것이 아니다.

간혹 그런 순간들이 있다. 수많은 선택의 순간을 마주하며 선택해야 하지만 선택하지 않고 내버려두는 그런 순간들 말이다. 내버려둘 수 있는 이유는 굳이 선택을 하지 않아도 어찌 되었건 흘러갈 순 있다는 걸 알기 때문이다. 굳이 괴로운 선택을 하지 않더라도 조금만 지나면 아무렇지 않게 넘어갈 수 있을 것 같기 때문에 선택하지 않게 되는 그런 순간들이 있다.

선택을 미루는 순간 흘러가게 된다. 노를 젓는 것이 아니라 이미 생긴 흐름에 몸을 맡긴 채 흘러가게 된다. 그리고 한참이 지나 돌아봤을 때 깨닫게 된다. 이미 멀리 와버렸다는 것을, 내 의지로 저은 것이 아니기에 내가 생각했던 위치와는 한참 다른 어느 장소에 내버려졌다는 것을 그때야 깨닫게 된다.

고백하건대, 당시 그 괴리감을 느끼며 나는 쉽게 무언가를 선택하지 못했다. 무언가를 바꿀 힘도, 주장할 자격도 없던 내 위치를 핑계 삼았다. 잘 알지 못하는데 울컥하고 치밀어 오른 하찮은 연민이 되레 어리석을 수도 있다는 말도 수없이 되뇌었다.

옳은 것을 말하겠다는 글쟁이와 자본주의의 첨병을 자처해야 하는 광고쟁이 사이에서 나는 한동안 고민하며 멈춰 있었다.

멈춰 있는 동안에도 내 시간은 흘러갔다. 그리고 그 흐름들이 다시 뜻하지 않게 외면했던 문제와 마주하게 만들었다. 책이 조금씩 알려져 내 이야기를 사람들에게 들려줄 기회를 얻게 되면서 내 생활은 예전에 그랬듯 바빠졌다. 바쁜 업무 속에서도 여러 새로운 일들을 경험해볼 수 있다는 것이 여전히 나를 즐겁게 만들었다. 그때 회사의 누군가가 스치듯 이런 이야기를 했다.

"아직은 때가 아니지 않냐, 자기 일도 중요하지만 그것도 짬이 차면 해야 되지 않겠냐."

그 말을 들은 후 얼마 지나지 않아 인사팀에서 호출이 왔다. 인사팀에서는 회사에 소속되어 있으면서 사적인 일을 하는 것은 회사 임원의 승인이 필요한 일이라며 앞으로는 강연을 가거나 외부 일을 할 때에 상무님에게 승인서를 올리라는 이야기를 들었다. 더욱이 강연처럼 수익이 생기는 일은 가급적 자제해야 한다고 했다.

내려놓는 것이 아니다.

힘든 일은 한꺼번에 찾아오는지 상무님에게도 이런 이야기를 들었다.

"아직까진 회사에 집중해라. 책 쓰고 강연하는 거 회사 입장에서 곱게 보지 않는다."

나는 이야기하는 내 모습을 늘 꿈꿔왔던 것 같다. 멋진 이야기를 만들어 그것을 사람들에게 보여주는 것이 가장 하고 싶었다. 공모전, 공익 광고 활동, 광고업 그리고 책까지, 도구는 늘 바뀌었지만 그러던 와중에 내가 깨달은 것은 이야기하길 원하는 나 자신의 모습이었다.

그래서 회사에 다니면서도 가장 하고 싶었던 것은 경쟁 PT 자리에 당당히 나서 내가 만든 이야기를 멋지게 풀어보는 것이었다. 하지만 내가 PT를 할 수 있는 위치에 오르려면 적어도 8~10년 정도가 필요했다. 작은 발표야 맡아서 할 수 있겠지만 그마저도 4년 이상의 시간이 필요했다. 수십 억이 걸린 프로젝트다 보니 어떻게 이야기하냐도 중요하지만 누가 이야기하냐도 중요하기 때문이다. 그러다 보니 PT를 하기 위해서는 그에 합당한 지위와 위치가 필요했다.

내가 할 수 있는 일이라곤 그 시간 동안 내공을 쌓으며 기다리는 일이었다. 그래서 책을 쓰고 강연을 나가는 일이 더 즐거웠던 것일지도 모른다. 회사에서는 한참을 기다려야 하는 일을 당장 할 수 있었으니까, 그리고 무엇보다 내가 그 일을 정말로 좋아하니까.

하지만 이 활동에 제한이 생겼다. 회사가 원치 않은 일이라는 것을 알았다. 이야기를 하고 싶다는 이 한 가지를 하기 위해서 회사 안에서는 기다려야 하고 회사 밖에서는 회사라는 제약이 있었던 것이다. 그때 지금의 내 모습이 참 아이러니하다는 생각이 들었다.

누구보다 하고 싶은 일을 하고 있는 지금, 누구보다 하고 싶은 걸 하지 못하는 삶.

나도 모르게 그런 삶을 살고 있었던 것이었다. 그걸 깨닫는 순간 잠시 잊고 있었던, 잠시 외면하고 있었던 그 아웃도어 브랜드에서 느꼈던 괴리감이 찾아왔다. 갑자기 머릿속이 복잡해지며 온갖 생각들이 들었다.

- 다시 그런 상황이 닥치면 나는 어떻게 해야 할까?
- 외부 요인에 신경 쓰지 않고 오직 광고와 광고주에 집중하는 모

내려놓는 것이 아니다.

습이 프로다운 걸까?

- 그것이 프로다운 모습이라면 그것이 내 본연의 모습일까?

- 앞으로 광고계에서 내 목소리를 낼 때까지 기다릴 수 있을까?

- 회사를 다니기 위해 업무에만 집중하는 것이 맞는 것일까?

- 만약 그렇다면 그 과정에서 다시 나태해졌을 때 그때에도 새로운 일을 할 자신이 있을까?

그 어떠한 질문에도 '예'라고 말하지 못했다. 모든 질문에 '아니오'라고 대답할 수도 없었다. 예라고 대답할 수 있는 뻔뻔함이 나에겐 없었고, 아니라고 대답하기엔 나의 지금까지의 삶을 부정하는 것 같았다.

내가 지금 뭘 하고 있지? 지금 나, 정말 나답게 살고 있는 걸까?

변하는 내 모습을 마주한 것 같아서, 뭐가 내 모습인지 몰라서 불안해졌다.

가장 아까울 때가 내려놓아야 할 때

사람이 언제 약해지는 줄 알아요?
잃을 게 생겼을 때예요. 잃을 게 생기면 잃기 싫은 사람은 타
협을 하게 돼요. 타협을 하다 보면 자기 길이나 신념을 포기
하게 되죠. 그렇게 다들 내가 가장 싫어했던 아버지의 모습
이나 늘 욕하던 회사 부장의 모습이 되는 거죠.

_ 결혼하고 많이 약해졌다고 이야기하는 H기업 K군과 술자리에서 나눈 대화

자기의 길을 갈 수 있느냐 없느냐는 내려놓을 수 있느냐의
문제인 거 같아요. 자기 믿음과 자기 뜻이 욕심을 만났을 때

내려놓는 것이 아니다,

우리는 둘 중 하나를 선택해야 해요. 자기 길을 선택하든가, 욕심을 선택하든가. 욕심을 선택하는 순간 자기 길은 포기해야 하죠. 그 선택을 아무도 모른다고 하더라도 중요한 건 그때부터 더 이상 적어도 자신에겐 당당할 수 없는 거죠.

_ 여행 전문 소설가 K군과 술자리에서 나눈 대화

   가진 것이 없는 사람은 없다. 당장은 가진 것이 없는 것 같아도 살면서 노력한다면 무언가는 가지게 된다. 무엇을 가졌는지 평소에는 잘 모른다. 가랑비에 옷 젖듯 서서히 가지게 되어 금세 익숙해지기 때문이다.

   가지고 있는 것들이 가장 절실하게 느껴지는 순간은 아이러니하게도 내려놓아야 할 때다. 버려야 할 때가 되어서야 비로소 내가 가지고 있는 것들이 보인다. 버려야 할 때 내가 가지고 있는 것들이 평소보다 더욱 빛나게 된다. 내려놓아야 하지만 그 빛남이 아쉬워 손에서 힘을 빼지 못한다.

   광고회사에 다니던 그 어느 날에 나는 나태함을, 스스로 정한 다짐과 위배되는 불합리함을, 그리고 내가 하고자 하는 일을 할 수 없는 상황을 느꼈다. 그 모든 것들을 겪으면서 하고자 하는 바를 명확하게 정했지만 전진하지 못하고, 멈춰 있는 내 모습을 보며 불안해했다. 그럼에도 불구하고 나는 나아가지를 못했다. 무엇이 나를 붙잡고 있었던 걸까?

답은 간단했다. 이기심이었다.

한 손에는 하고 싶은 거라면 앞뒤 가리지 않고 저지르고 싶은 욕망을 쥐고, 다른 한 손에 대기업 계열의 광고 대행사에 다닌다는 그럴싸한 타이틀과 사회적 대우와 안정감을 쥔 채, 2가지 모두를 놓기 싫어하는 어린아이와 같은 이기심이었다.

나 자신도 눈치채지 못하는 사이 내가 건네는 명함 한 장, 그 명함에 찍혀 있는 회사의 등급과 연봉 이런 것들에 취해 있었다. 후배들의 상담 메일의 답장에서, 부모님의 자랑에서, 학교의 강연 요청에서 나는 사회의 대우라는 것에 취해 있었다. 그런 것들이 주는 자만심을 긍지니, 자부심이니, 하는 말들로 치장하며 온몸에 덕지덕지 바르고 있었던 것이다.

누구보다 타자의 욕망대로 살지 않으려 노력했는데, 나는 타자의 시선과 욕망에 혼자 만족하고 있었다.

부끄러웠다. 더욱 부끄러운 것은 이런 생각을 깨닫는 와중

내려놓는 것이 아니다,

에도 나 자신을 변호하는 비겁함이 있었기 때문이다. 여기까지 얼마나 힘든 길을 걸어왔는데, 너는 충분히 누릴 자격이 있다, 가진 것은 쥐뿔도 없는 것이 무슨 영웅 흉내를 내려고 남의 아픔에 함부로 동요하냐, 내 인생이나 챙기자. 굳이 부딪칠 필요 있냐, 적당히 눈치 보면서 때론 허락 맡고, 때론 몰래 글을 쓰거나 강연 나가면 되지 않냐, 남들도 다 그렇게 한다. 남들도 다 그렇게 하는데 너라고 왜 못하냐 등. 수많은 비겁한 생각들이 나를 변호하고 합리화시켰다.

이미 양손에 쥐고 있는 이익들을 바라보며 내려놓지 않으려 그렇게 안간힘을 쓰고 있었다. 그때 난 충분히 비겁했고, 충분히 나답지 못했다. 나답지 못한 것에 불안해하면서도 온갖 자만심의 산물들을 어떻게든 부여잡고 있으려고 했던 나는 그래서, 그때 충분히 초라했다.

내려놓는 것이
사용하는 것

　　　　　　　　자동차가 달리기 위해서는 기름이
필요하단다. 그 기름이 소모되는 것이 아깝다면 세상 그 어
떠한 자동차도 달리지 못하겠지. 그때 우리는 기름을 사용
한다고 표현하지 버린다고 표현하지 않잖아. 인생도 마찬가
지야. 버린다고 생각하지 마. 그걸 사용해서 앞으로 나아간
다고 생각해. 그럼 아까운 것이 아니라 가치 있다 여기게 될
테니까.

　　　　_ 회사를 그만두고 떠난 스와질란드에서 만난 어느 60대 할머니의 이야기

나는 철학자는 아니지만 철학을 좋아한다. 철학이 좋은 이유는 한 가지 문제를 바라보는 다양한 관점이 있기 때문이다. 여러 가지 관점을 이해할 때 하나의 문제를 다양한 시각에서 바라보는 습관이 생긴다. 그리고 그 다양한 시각 중 하나에는 그 문제를 해결할 수 있는 단초가 있기 마련이다.

그렇게 한없이 초라하게 느껴졌던 그날 어김없이 야근을 하던 중에 파일들을 정리하다 내가 여기 인턴을 지원하며 처음 썼던 이력서를 발견했다. 이력서에 적힌 빼곡한 이력들을 하나하나 훑어봤다. 기억을 더듬어 찬찬히 바라보니 거기엔 한 줄 한 줄의 이력이 아니라 한 순간 한 순간 내가 살아왔던 순간들이 있었다. 순간 순간을 치열하게 살아간 내가 있었다.

스펙이라 하기엔 구멍이 많은 이력서, 정말 쓸데없을 것 같은 이력과 자격들이 덩그러니 놓여져 있던 이력서. 하지만 이 이력을 채워나갔던 그때의 나는 누구보다 나다웠다. 그리고 그때에도 늘 선택의 갈림길에서 나다운 선택을 하기 위해 무언가를 포기했다. 주변의 사람들이 가졌던 바쁜 발걸음을 포기했고, 남들이 말하는 어른이 될 시기와 기회를 포기했다. 그리고 그런 포기들로 인해서 나는 더욱 나다워졌고, 여기까지 올 수 있었다. 무언가를 포기했다 생각했는데, 돌아보니 그것들을 포기했기 때문에 오히려 더 나아갈 수 있었던 것이다.

나는 그때, 포기한 것이 아니라 나아가기 위해 소모할 것을 결정했을지도 모른다.

그렇게 생각해보니 지금의 내 상황도, 그때의 상황과 별다르지 않다고 느껴졌다. 지금도 조금 더 나다워지기 위해 고민하고 있고, 늘 그랬듯이 그러기 위해선 놓아야 하는 것들이 있을 뿐이다. 그것들이 예전보다 다소 크게 느껴졌지만 어쩌면 그렇기 때문에 더욱더 앞으로 나아갈 수 있을지도 모른다는 생각이 들었다.

나는 이야기를 하며 살고 싶다.

나는 사람들에게 유의미한 영향을 주는 일을 하며 살고 싶다.

나는 내가 하는 모든 일을 누군가에게 허락받지 않아도 되는 삶을 살고 싶다.

그래, 내가 언제는 지킬 것이 있어서 망설였던 적이 있었나, 나 하

내려놓는 것이 아니다.

고 싶은 건 하고 살았지 않나.

가장 처음 내 욕망을 받아들였을 때의 내 모습들은 그 욕
망에 맞는 길을 걸어오면서 어느새 이렇게 바뀌어 있었다.
그리고 그 모든 순간순간에 나는 무언가를 내려놓음으로 나
아갔다. 아니 사용함으로써.

그날 오후 나는 팀장님께 회사를 그만두겠다고 했다.

"하고 싶은 것을 하기 위해서는 포기해야 하는 것이
있다는 것을 깨달았습니다. 무엇을 포기할까 생각해보
니 회사였습니다. 회사는 하나를 포기하면 되지만 회사
를 포기하지 않으려면 너무 많은 것을 포기해야 할 것
같아서 회사를 포기하려 합니다."

그렇게 내려놓았다. 더 나아가기 위해서 참 빛나 보이던
그 녀석을, 참 아깝다고 느꼈던 그 녀석을 마침내 소모하기
로 결정했다.

선택한 후의 행동이 정답을 만든다

사람이 언제 후회하는 줄 알아요?
실패했을 때예요. 실패하기 전에는 절대로 자기 과거를 후회
하지 않아요. 성공한 사람은 항상 자기 선택을 자랑스럽게
이야기하죠. 실패한 사람은 언제나 자기 선택을 후회하고요.
실상 이 두 사람은 같은 선택을 했을지도 모르는데 말이죠.

_ 강연 무대 뒤에서 잠깐 만난 전문 강사 L씨와 나눈 대화

후회하지 않았다는 건 거짓말입니다. 그저 계속 후회하지
않으려 이를 악물었던 것 같아요. 여기서 멈춰서 끝나버리

내려놓는 것이 아니다.

면 남은 평생을 후회하며 보낼까 봐 그게 싫어서 후회하고
또 후회하면서도 계속 후회하기 싫어 도전했던 것 같아요.

_ 4번 망한 끝에 마침내 적자를 면하는 가게를 냈다는 D군과 술자리에서 나눈 대화

생각보다 즐거웠고, 생각보다 짧았던 내 회사 생활은 그렇
게 끝이 났다. 많이 배웠지만 나태해졌으며, 이상과 현실 사
이의 괴리감도 느꼈던, 존재라는 것을 다시 느꼈던 회사 생
활이 그렇게 끝이 났다.

방황했다는 것을 굳이 숨기지 않은 것은, 비겁했던 것을
솔직하게 고백했던 것은, 결국 지나고 보니 답을 알아가기
위한 서투른 연습이란 생각이 들어서다. 회사를 나오니 31
세였지만 그래도 한 가지는 확신할 수 있었다.

이 정도 걸어왔으면 이제 쉽게 변하진 않겠구나, 나는
이렇게 살겠구나, 다행이다.

그만두기 전에도, 그만둔 후에도 내 주변에 나를 걱정해주
던 사람들이 나에게 한 질문은 하나였다.

'지금 이 선택을 후회하지 않겠냐? 그럴 자신 있느냐?'

돌이켜보면 나는 늘 안 된다는 선택을 하며 살았다. 그 안

사용하는 것이다

된다는 선택을 하고 나면 항상 들어왔던 질문들 역시 앞의 질문이었다. 하지만 단언하건대 단 한 번도 내가 했던 선택을 후회한 일이 없었다. 학벌이 낮아졌을 때도, 취업 준비를 하지 않았을 때도, 책을 썼을 때에도, 그리고 회사를 그만둔 그때의 선택마저도 나는 한 번도 후회한 적이 없다.

선택의 오묘한 갈림길에서 늘 옳은 선택만을 했기 때문인 줄 알았는데 이제서야 깨달았다. 선택 그 자체엔 정답이 없음을. 선택한 후의 내 행동이 언제나 그 선택을 정답으로 만들어왔음을.

많은 사람들이 선택 앞에서 망설인다. 나 역시 그랬다. 정답이 있을 것 같아서, 그 정답을 선택하기 위해서 망설인다. 하지만 우리가 선택에 앞서 고민하는 이유는 오히려 선택에 정답이 없기 때문일지도 모른다. 그 어느 것도 정답이 아니기에 그 어느 것도 오답이 아니다.

왜냐하면 우리가 하는 선택은, 그걸 결정하는 순간 끝나는 시험이 아니라 그걸 결정하고 나서야 시작되는 여정이기 때문이다.

그 여정을 어떻게 걸어가느냐에 따라서 우리가 했던 선택

내려놓는 것이 아니다.

은 정답이 되기도 하고, 오답이 되기도 한다. 그래서 어떤 선택이 정답일까를 고민하는 것보다 내 선택을 어떻게 정답으로 만들어갈 것인가를 고민하는 것이 맞다고 생각한다. 그걸 이제야 깨달았다.

불안했다. 그래서 누구보다 나를 찾기 위해 노력했고, 그 노력은 언제나 선택을 종용했다. 때론 자신감에, 때론 두려움에, 때론 뒷걸음질에 나는 선택을 했지만 선택을 정답으로 만들기 위해 최선을 다했다.

이번에도 마찬가지였다. 정답을 선택해서 후회가 없는 것이 아니다. 선택을 정답으로 만들 자신이 있기에 후회가 없는 것이다.

남는건 역시 '나답게'뿐, 마지막에 다시 처음을 말하다

자기가 원하는 길을 걷기 위해 돌아가는 선택을 했다고 가정합시다. 잃는 건 무엇일까요? 당연히 그간 길을 걷는데 들였던 노력과 시간일 것입니다. 반면 얻는 건 무엇일까요? 그렇게 돌아갈 용기를 낸 사람은 보통, 자기를 위한 선택만을 하게 됩니다. 그로 인해 그 삶은 점점 그 사람다워지겠죠. 어때요? 이 둘을 비교하면 긴 인생에서 돌아가는 선택이 되레 남는 장사라 생각되지 않나요?

_ 대학 진학을 포기한 아들 이야기를 하며 오히려 뿌듯해했던
케이프타운에서 만난 조너선(Jonathan)과 나눈 대화

내려놓는 것이 아니다,

회사를 그만두고 처음 한 일은 아프리카로 가는 것이었다. 너무 바쁘게 뛰어온 것 같아 한번쯤 돌아보기 위해, 그리고 나를 다잡기 위해 다시 아프리카를 찾았다. 40일이 넘는 여행을 하며 마음이 어느 점에 다다를 때마다 하나씩 하나씩 결심을 써내려갔다.

- 두 번 다시 남의 허락을 받아야 하는 글은 쓰지 않겠다.
- 두 번 다시 거짓으로 포장될 이야기를 하지 않겠다.
- 앞으로 무엇을 하든 의미 있는 일을 하며 살겠다.

그렇게 하나씩 앞으로 내가 걸어갈 길들의 이정표를 만들었다. 재미있는 것은 그렇게 결심했던 것들 하나하나가 나를 처음 받아들였을 때 마음먹었던 다짐들의 연장선상에 있었다는 것이다.

다른 점은 그때의 결심이 막연한 것이었다면, 먼 길을 돌아온 지금의 다짐에는 확신이 들어 있다. 때론 돌아왔고, 때론 생각지도 못한 일들을 겪고 다시 그 일들이 예상하지 못한 방향으로 튀었던, 마치 럭비공과 같았던 내 삶의 여러 일들이 만들어준 확신이 거기엔 있었다. 모든 선택을 내가 했기에, 그 주체가 언제나 나였기에 가능했던 확신이 거기엔 있었다.

돌아오고 나서 글을 쓰고 있는 지금까지 어느덧 2년이 지났다. 그사이에도 참 많은 일들이 있었다. 가장 먼저 사람들에게 이야기를 하기 위해 회사를 세웠다. 교육업을 시작하면서 2가지를 다짐했다.

- 우리만 전할 수 있는 가치를 이야기하자.
- 학교나 기업이 아니라 청중을 위해 이야기하자.

단순히 돈을 받고 같은 이야기를 앵무새처럼 반복하는 강사의 삶을 살거나, 을의 입장이 되어 왜곡된 이야기를, 스스로 그르다고 생각하는 이야기를 전달하는 거짓된 삶을 살아가게 될까 두려워 만든 2가지 기준이다.

다행히 아직까지는 그 기준을 잘 지키며 일하고 있는 것 같다. 공모전에서 상 받는 방법을 중점으로 알려주는 프로그램을 개설해서 대학교에 제공하기도 했고, 취업 컨설턴트가 아니라 정말 현업의 취업 담당자가 사용하는 현업의 기준표대로 평가하여 자신의 위치를 정확히 판단할 수 있는 취업캠프를 만들어 제공하기도 했다.

공기업, 일반 기업, 복지 단체 등 다양한 곳으로 찾아가 비전, 창의력, 기획과 같이 내가 줄 수 있는 가치가 있다면 함께 나눴다. 그렇게 많은 사람들을 만나면서 생각보다 너무나 많은 사람들이 그 어느 시절의 나처럼 불안에 떨며 살아간다는 것을 발견했고, 또한 너무나 많은 사람들이 생각 이상으로 자신을 알아가는 노력을 하지 못한다는 것을 깨달아 작은 도움이라도 되기 위해 책을 쓰기로 결심했다.

책을 쓰는 지금 이 순간도 나는 여전히 가장 하고 싶은 말을 하며 살고 있다. 그리고 앞으로도 하고 싶은 너무나 많은 일들을 계획하며 살아가고 있다. 앞으로의 길은 아직 정해지지 않은 미래이기에 지금 글로 확신할 수 있는 내용은 아무것도 없다. 하지만 이제야, 당당하게 내 자신의 미래에 대해 한 가지는 말할 수 있게 되었다.

'그 길이 어떠한 길이든, 그것 역시 나답게!'

내려놓음이 아닌 사용하기

나는 가진 것이 없다고 생각했다. 잘생긴 편도, 키가 큰 편도, 집안이 좋은 것도 아니었다. 성격이 좋은 것도 능력이 뛰어난 것도 아니라고 생각했다. 어쩌면 그 덕분에 지금까지의 수많은 '다르다'를 선택하며 여기까지 올 수 있었던 것 같다.

잃을 것도 손해 볼 것이 없었으니까 다양한 상황이 만들어낸 수많은 선택 속에서 남들보다는 조금 더 의연해질 수 있었다. 세상의 기준과 나다움이 부딪치는 갈림길에서 이 의연함을 무기로 나는 선택하며 걸어왔다. 잃을 것이 없다는 마음. 세상의 기준에 나를 실험하기도 하고, 세상의 평가에 나를 돌아보기도 하면서 그렇게, 여기까지 걸어왔다.

그러다 사회에 발을 담그면서 어느새 두 손에 여러 가지를 쥐게 되었다. 특별하다면 아주 조금 특별한 이야기가 기

내려놓는 것이 아니다.

사를 통해 사람들에게 전해지기도 하고, 수백 명의 사람들 앞에서 그 이야기를 자랑스레 풀어보기도 했다. 명함을 내밀면 눈빛이 달라지는 학생들의 눈에서, 부모님의 얼굴에서, 친구들의 축하주에서 나름의 사회적 지위라는 것도 경험했다.

달라지는 상황만큼이나 나에 대한 평가도 달라지는 것을 느꼈다. 세상 물정 모르는 돈키호테에서 자기만의 생존 전략으로 취업난을 극복한 롤모델로, 누구보다 치열한 대학생활을 한 멘토로, 그리고 광고라는 멋진 일을 하는 광고인으로 포장되기도 했다. 나는 변한 것이 없었는데 세상은 내게 다른 이름을 부여하기 시작했다.

그런 것들에 취하기 시작했다. 갑자기 큰돈이 생겨 졸부가 된 것처럼 갑자기 생겨난 여러 가지 것들이 나를 취하게 만들었고, 취기가 오를수록 변해갔다. 어느새 내가 가진 것들을 지키려, 처음 잡아본 이 빛나는 가치들을 내려놓지 않으려 합리화하기 시작했다. 그 방향이 결코 내가 되고자 했던 내 모습이 아니란 걸 알면서도 나는 타협하려 했고, 변명하려 했고 그리고 멈춰 있었다. 서서히 뜨거워지는 물에서 서

사용하는 것이다

서히 죽어가는 개구리처럼 나 역시도 죽어갔다.

그제야 내려놓음을 깨달았다. 내려놓는 것이란 포기하는 것이 아니라 사용하는 것임을 깨달았다. 아끼고 잃지 않으려 했던 그 많은 가치들은 두 손에 품고 있을 때가 아니라 사용할 때 더욱 빛난다는 것을 늦게나마 깨달았다. 세상의 가치와 나다움의 가치에서 마지막이 되었던, 그리고 가장 흔들렸던 그 흔들거림에서 나는 그렇게 균형을 잡았다.

자기 삶에 있어서 언제나 교환을 해야 되는 순간이 온다. 내가 그랬듯 많은 사람들 역시 그 상황 앞에 서면 가지고 있는 것을 먼저 쳐다볼 것이다. 그걸 가지기 위해 노력했던 순간들을 생각할 것이고 그렇기에 더욱 가지고 있는 걸 포기하기 싫을지도 모른다.

하지만 한번쯤은 그랬으면 좋겠다. 가지고 있는 것보다 그것을 사용함으로써 가질 수 있는 것을 바라볼 수 있는 시간을 가져봤으면 좋겠다. 만약 가질 수 있는 것이 더욱 소중하다고 느껴진다면 한번쯤은, 그래 한번쯤은 웃으며 가지고 있는 걸 사용할 수 있기를 바란다.

내려놓는 것이 아니다.

지금처럼은 잊자,
지금부터다

이따금씩 이런 생각들을 하곤 했다. 언제쯤이면 불안하다
는 말을 웃으며 과거형으로 말할 수 있게 될까? 처음 불안
함을 느꼈을 때부터 여기까지 오며 겪었던 수많은 흔들림과
불안감을 마주하며 그런 생각을 했다. 세상에 지워진 나를
찾으며 세상과 부딪치는 나와 싸우며 세상에 변해버린 나를
마주하며, 세상과 나 사이의 균형을 아슬아슬하게 잡아가며
그런 생각을 했다.

언제쯤이면 '그래 그 시절엔 내가 불안했었다'며 불
안을 과거형으로 말하며 웃을 수 있을까?

나는 불안감이 무척이나 싫었다. 솔직히 고백하자면 지금
도 그런 불안감이 반갑지는 않다. 허나 글을 쓰기로 결심한
지금에서야 글 속에 있는 나를 마주하며 깨달은 것은 불안
했기에 그토록 힘들었지만, 불안했기에 여기까지 올 수 있

었다는 것이다.

불안감은 한때고 나를 알면 끝이 난다 생각했다. 하지만
안다는 것이 얼마나 많은 과정을 거쳐야 하는지, 그 사이에
서 또 얼마나 많은 세상과 부딪쳐야 하는지를 알았다. 그 부
딪침이 또 얼마나 많은 다른 종류의 불안을 만드는지를 알
았다. 나를 안다는 것은 그래서 나를 발견하는 것이 아니라
이런 부딪침과 불균형 속에서 균형을 잡으며 만들어가는 것
임을 알았다.

그 사이에 수많은 유혹과 자기기만이 존재할 수 있음을,
그런 것들이 언제든 나를 변하게 만들 수 있다는 것을 배웠
다. 결국 나를 안다는 것에 완성이란 있을 수 없다는 것을 배
웠다. 평생을 거쳐 만들어야 하기에 그 사이에 수많은 불안
감 역시 필연적으로 존재할 수밖에 없음을 그렇게 배웠다.
벗어날 수 없기에 인생은 불안의 연속일지도 모른다.

하지만 이 불안감과 싸우지 않았다면 나는 지금도 멈춰 있
었을 것이다. 여태껏 그랬듯이 지금도 그렇게 타자의 욕망
에 휘둘리며 살고 있었을 것이다. 만약 어느 순간 완전하게
불안감을 상실했다면 어떻게 되었을까? 바람이 멈춘 바다

위에 돛을 내린 배처럼 더 이상 나아가야 할 힘도 이유도 발견하지 못했을 것이다.

불안했기에, 그리고 끝나지 않았기에 역설적으로 지금도 나아가고 있는 것이다. 그래서 나는 이제 불안이란 단어 뒤에 '때문에'가 아닌 '덕분에'라는 말을 붙이려고 한다. 불안 '때문에' 힘들고 괴로운 것이라고 생각했는데 불안 '덕분에' 여기까지 올 수 있었다.

그래서 앞으로 어떠한 불안감이 다시 찾아와도 떨리지만 웃을 수 있는 내가 될 것이라 확신한다. 지금까지의 경험이 알게 해주었기 때문이다. 이 불안감 역시, 지나고 나면 좀더 나다워질수 있는, 좀더 나를 다듬는 기폭제가 될 것임을.

그래서 나에겐 이제 떨칠 수 없는 이 불안감이 가장 좋은 스승이자, 가장 좋은 연료다.

여기까지 함께 해준 여러분들에게 마지막으로 이 한마디를 전해주고 싶다.

우리는 모두 불안하다.

아마 그건 피할 수 없을 것이다.

다만 선택할 순 있다.

불안 때문에 멈춰 있을지, 불안 덕분에 나아갈 것인지.

아직 나아가지 못하고 있다면,

내 부족했던 이 이야기에서 당신의 다음이 있기를 희망한다.

우리 모두 기억하자.

지금처럼은 잊자, 지금부터다.

-2007년 전국 대학생 수돗물 사랑 캠페인 콘테스트 3위(장관상)
-2008년 전국 대학생 수돗물 홍보 공모전 3위(장관상)
-2010년 대학생 프레젠테이션 대회 대상(장관상)
-2007년 KOSAC(대한민국 대학생 광고경진대회) 대구 경북 금상
-2007년 KOSAC(대한민국 대학생 광고경진대회) 전국 대회 은상
-2007년 애경 주최 케라시스 프로모션 공모전 최우수 콘텐츠 상
-2007년 KOBACO(한국방송광고공사) 광고전문가 과정 우수상
-2007년 KOBACO(한국방송광고공사) 장학생 선정
-2007년 청정넷 주최 영상광고 공모전 3위 수상
-2008년 KOBACO YLC(Young Lions Challenge) 은상
-2008년 환경 관리 공단 광고 공모전 가작
-2008년 KOSAC(대한민국 대학생 광고경진대회) 대구 경북 금상
-2008년 KOSAC(대한민국 대학생 광고경진대회) 전국 대회 금상
-2008년 KRA(마사회) 광고 공모전 최우수상
-2008년 연하나로 BTL 공모전 대상
-2009년 스카이프 마케팅 공모전 최우수상
-2009년 KOSAC(대한민국 대학생 광고 경진대회) 지역 금상
-2010년 월드컵 유치 기원 프로모션 대회 가작

-2010년 마운틴듀 마케팅 공모전 최우수상
-2010년 KOSAC(대한민국 대학생 광고 경진대회) 지역 금상
-2010년 KOSAC(대한민국 대학생 광고 경진대회) 전국 은상
-2010년 KOBACO YLC (Young Lions Challenge) 대상
-2010년 〈백지연의 끝장토론〉 대학생 토론 배틀 개인전 우승
-2011년 잡코리아 글로벌 프론티어 선정
-2011년 잡코리아 글로벌 프론티어 최우수상
-2011년 에어스타 에비뉴 마케터 선정
-2011년 볼빅 마케팅 공모전 입선
-2006년 제4회 미디어 영상제 영상부문 1위
-2007년 제5회 미디어 영상캠프 경쟁 PT 부문 1위
-2007년 제5회 미디어 영상제 PT 부분 1위
-2007년 제5회 미디어 영상제 인쇄광고 부분 1위
-2008년 제6회 미디어 영상캠프 학부 종합 1위
-KMU 꿈 희망 프레젠테이션 대회 1위